코로나19, 예술로 기록

어와둥둥, 아이야 가자!

코로나19, 예술로 기록

어와둥둥, 아이야 가자!

초판 1쇄 인쇄 2022년 2월 15일
초판 1쇄 발행 2022년 2월 25일

지은이 김주선 외 9명
그린이 박예은 어린이 외 9명
펴낸이 강정규
펴낸곳 시와 동화

등록번호 제2014-000004호
등록일자 2012년 6월 21일

주소 경기도 부천시 성주로 86-4, 104동 402호(송내동, 현대아파트)
전화 032-668-8521
이메일 kangjk41@hanmail.net

ISBN 978-89-98378-51-6 73810

이 책은 한국문화예술위원회 문예진흥기금 2021년 <코로나19, 예술로 기록>을 받아 제작되었습니다.

값은 뒤표지에 있습니다.

어린이제품안전특별법에 의한 제품 표시
제조자명 시와동화 제조년월 2022년 2월 제조국 대한민국 사용연령 6세 이상 어린이부터
주소 및 연락처 경기도 부천시 성주로 86-4, 104동 402호(송내동, 현대아파트), 032)668-8521

코로나19, 예술로 기록

어와둥둥, 아이야 가자!

김주선 노원화 문이령 변향숙 신경혜

이선영 최금왕 추유선 황상희 강정규

시와 동화

차례

| 머리말 |

어와둥둥, 아이야 가자!

아이들을 위한 글을 쓰고 싶은 마음 고픈 사람들이 모였습니다.

아이들과 관련된 다양한 직업을 가진 동화 작가와 예비 동화 작가들입니다,

현장에서 코로나19로 인해 달라진 환경으로 힘들어 하는 아이들의 마음을 쓰다듬기 위해 '기댈 등이 되어주는 동화를 쓰자' 하고 고민하고 있을 때, 동화 작가 강정규 선생님께서 합평, 작법, 지도를 흔쾌히 허락하셨지요. 이어 동화책으로 발간할 수 있는 방법을 찾던 중 '코로나19, 예술로 기록'이 기적처럼 다가왔습니다.

더불어. 함께. 같이 가라는 의미로 받았습니다.

이 의미 속에는 동심이 공통분모이며 어린이가 현답이라고 생각했습니다. 아가도 어리고, 엄마, 아빠도 어린이였고.

할머니, 할아버지도 어린아이였음을.

세계 모든 이가 어린이었음을 기억하면 동심은 모든 이가 맞아야 할 삶의 백신입니다. 화이자, 모더나보다도 더 효과적인 따뜻한 백신이 '동심'임은 모두 공감하리라 봅니다.

『어와 둥둥, 아이야 가자!』

「함께 가서 좋은 길」의 '몽당연필' 의미를 새기며 태어난 동화 「보고 싶어요」「갈래머리 하얀 소녀」「슬픈 크리스마스」「이나네 집」「모래알은 반짝」「6학년 3반 유월 셋째 주 월요일」「예쁜 갑질」「중2의 두근두근 내 인생」「마스크 속에서 웃는 아이들」을 만나 보면 코로나19의 횡포에도 끄떡없는 우리의 아이들을 볼 수 있습니다.

코로나19 아닌 또 다른 팬데믹 상황이 닥쳐 온다하더라도 사람들 마음속에 동심이 존재하는 한 세상은 멈추지 않고 돌아가리라 봅니다. 아이들이 희망임을 이미 알고 '코로나19, 예술로 기록'으로 마중물을 준비해 주신 한국문화예술위원회에 다시 한 번 감사드립니다.

〈시와동화아카데미〉 동화 작가들은 마중물과 함께 『어와 둥둥, 아이야 가자!』 행진곡으로 펌프질을 힘차게 시작해 봅니다.

시와동화아카데미 대표
최 금 왕

두 줄 기차 외

김주선

아이들을 키우면서 자주 하던 말이 있었습니다.

"할 일 해 놓고 하고 싶은 일 하자." 그러면 아들은 "할 일 다 하고 나면, 하고 싶은 일 할 시간이 없어요." 했었지요.

나중에 생각하니 참 미안했습니다. 하고 싶은 일을 할 때가 제일 행복한 것을.

이제는 하고 싶은 일도 많이 하며 살기를 바랍니다.

저 또한 일과 공부, 읽기와 쓰기 사이에서 균형을 이루며 살고자 합니다.

두 줄 기차

꿀벌선생은 아이들이 행복하길 바랐다. 그리고 자신도 행복해지고 싶었다. 꿀벌이 꽃을 찾듯 아이들을 찾아가면 행복할 듯 했다. 그래서 이름도 꿀벌로 짓고 아이들과 학교 숲에서 노는 일을 시작했다.

꿀벌선생은 달마다 다르게 숲 놀이를 준비했다. 하지만 코로나 19 바이러스 때문에 숲 수업은 미뤄지다 결국 취소되곤 했다.

다시 봄, 숲에서 수업을 할 수 있게 되었다. 꿀벌선생은 설레었다.

가온은 해솔 초등학교 2학년이다.

3월 마지막 날, 학교 가는 길이 신났다. 1, 2교시가 숲 체험 수업이었다. 유치원 다닐 때는 매달 한 번씩 산으로 숲 체험을 갔었다. 숲은 갈 때마다 달랐다. 숲에서는 무엇을 해도 재미있었다. 초등학생이 되고 일 년은 그냥 지나갔다. 2학년이 되어서야 다시 하는 숲 체험이라 마음이 들떴다.

"남학생 한 줄, 여학생 한 줄, 번호대로 두 줄 기차!"

담임선생님은 복도에 서서 아이들이 줄을 다 설 때까지 기다렸다.

꿀벌선생은 아침 햇살이 퍼지기 시작한 학교 숲을 몇 번이나 돌아보았다. 푸른 잎을 달고 있는 나무들과 앙상한 나무들, 꽃망울을 맺은 나무들과 추운 겨울을 견딘 방석식물들. 겨울이 길었던 만큼 봄이 반가웠다.

가온은 달팽이집 그림 위에 서 있는 숲 선생님을 보았다. 산림청 표시가 달린 모자와 하얀 마스크를 쓴 꿀벌선생이었다.

꿀벌선생은 숲을 보라고 했다.

"숲이 어디 있어요?"

가온이 물었다.

"손들고 질문하세요."

뒤에 서 있던 담임선생이 말했다.

“여기가 숲이에요.”

꿀벌선생은 학교 뜰을 가리켰다. 키 큰 나무, 작은 키 나무, 굵은 나무, 가는 나무가 어울려 사는 곳이었다.

가온은 낮은 울타리가 쳐진 숲을 보며 시무룩해졌다.

꿀벌선생은 아이들에게 보여주고 싶은 것이 많았다. 주목, 낙상홍, 백송, 목련……. 자리를 옮길 때마다 담임선생이 “두 줄 기차!”를 외쳤다. 아이들은 제 자리를 찾느라 우왕좌왕. 그런 바람에 말이 끊기고 등줄기로는 땀이 흘렀다.

가온은 앞 친구 뒤통수를 보며 따라 다녔다.

2교시는 교실에서 만들기를 했다. 동글납작하게 자른 때죽나무 조각에 그림을 그려 자석을 붙이는 거였다. 꿀벌선생은 가림막 안으로 때죽나무 조각 하나씩을 나누어 주었다. 가온은 나무 두 그루를 그려놓고 책상에 엎드렸다.

만들기가 끝나고 꿀벌선생이 물었다.

“오늘 학교 숲에 봄이 얼마만큼 왔는지 알아봤는데, 어땠어요?”

제일 앞줄 가운데에 앉은 여자아이가 손을 들었다.

“재미있었어요.”

“재미없어요.” 교실 뒤쪽에서 들려오는 뚱한 목소리, 가림막에 붙은 이름을 보았다. 김가온.

꿀벌선생 가슴이 쿵, 내려앉았다.

학교 숲을 어슬렁거리던 꿀벌선생이 손목시계를 본다. 마지막으로 한 번 더 수업 순서를 확인하고 달팽이집 그림 있는 곳으로 왔다. 가을 아침 햇살이 눈부시다. 발뒤꿈치를 들었다 놨다, 손을 앞으로 했다 뒤로 했다, 소나무를 쳐다보다, 새소리에 귀 기울이다, 현관을 본다. 느지감치 등교한 여자아이 둘이 자동소독기와 열화상카메라 앞을 지나간다. 안내하던 선생님도 뒤따라 들어간다.

곧 2학년 3반이 나올 것이다.

잠시 후, 신발주머니를 든 아이들이 줄지어 나온다. 아이들은 현관 앞에서 신발을 갈아 신는다. 신발주머니에서 신발을 꺼내 신고 실내화를 다시 넣는 동안 말소리는 들리지 않는다.

“두 줄 기차!”

담임선생 말에 아이들은 빠르게 줄을 선다.

두 줄 기차가 꿀벌선생 앞에 멈춘다. 꿀벌선생은 아이들을 세워두고 가운데로 자리를 옮긴다. 아이들은 몸을 돌려 꿀벌선생을 본다. 왼쪽에서 세 번째, 가온이다. 마스크를 쓴 얼굴이지만 알아본다.

가온은 심드렁하다. 나무를 흉내 내는 체조도 건성이다.

"오늘은 학교 숲에 사는 나무들이 잎을 만들고, 꽃을 피워 맺은 열매들을 살펴볼 거예요. 자, 출발!"

꿀벌선생이 앞장선다. 터덜터덜, 가온이도 걸음을 옮긴다.

꿀벌선생은 사철나무를 가운데 두고 두 줄 기차를 둥그렇게 만든다.

"여기 열매 있어요. 주황색."

"어디어디?"

나무 가까이 있던 친구 말에 너도나도 나무를 들여다본다.

"조금만 더 가까이 와서 봐요."

꿀벌 선생이 뒤에 선 아이들을 손짓해 부른다. 가온은 줄에서 벗어나고 싶지 않다. 다른 친구들이 잎을 만져보고 엄마 나무가 어떻게 씨앗을 멀리 보내는지 대답하는 걸 듣고만 있다. 꿀벌선생 눈길이 가온에게 머문다.

"이번에는 부엉이를 찾으러 가볼게요."

"부엉이요? 부엉이가 있어요?"

한 친구가 물었다.

꿀벌선생은 웃으며 성큼성큼 사철나무 건너편으로 걸음을 옮긴다. 아이들도 따라 움직인다.

“두 줄 기차!”

담임선생이 아이들에게 소리친다.

꿀벌선생은 서둘러 두 팔을 벌려 울타리를 가리킨다.

“짠! 회양목을 소개할게요. 이른 봄에 꽃을 피워 배고픈 꿀벌에게 도움이 되는 고마운 나무예요. 씨앗이 떨어지고 남은 빈 열매를 하나씩만 따 보세요.”

아이들은 회양목 울타리로 다가서서 열매를 찾는다.

“찾았다. 정말 부엉이네.”

“올빼미 같은데.”

여기서기서 찾았나는 소리가 들린다.

‘부엉이라고?’

가온은 궁금해진다. 나무를 살핀다. 손톱만한 초록 잎들이 마주났다. 있다. 열매를 쥐자 힘없이 부서진다. 살살 따서 손바닥 위에 올려놓고 보니 정말 부엉이 모양이다. 세 마리다. 오호, 가온이 눈가에 웃음이 번진다. 슬그머니 다가와 보던 꿀벌선생이 웃으며 돌아선다.

"자, 관찰한 열매는 숲으로 돌려보내고, 우리 재미있는 놀이 해볼까요?"

꿀벌선생은 담임선생이 두 줄 기차를 외치기 전에 소나무 아래로 자리를 옮긴다.

가온이 어느새 꿀벌선생 앞에 와 있다.

꿀벌선생은 두 개가 한 묶음인 솔잎 두 개를 들고 아이들에게 보인다.

"이렇게, 솔잎끼리 걸고……."

"아, 알겠다."

아이들은 말이 끝나기도 전에 솔잎을 찾아 흩어진다. 가온이도 회양목 울타리 아래에서 솔잎을 찾았다.

"선생님이랑 해 볼래?"

가온이가 두 손으로 솔잎을 하나씩 잡자 꿀벌선생이 그 사이로 솔잎을 걸었다.

"하나, 둘, 셋!"

당기자 꿀벌선생 솔잎이 끊어진다.

"우와, 이겼다!"

옆에 있던 친구가 나섰다.

"나랑 해. 내거가 더 세. 세 명한테 이긴 거야."

가온이 졌는지 솔잎을 주우러 간다.

꿀벌선생은 끼리끼리 모여 노는 아이들을 본다. 한 아이가 담임선생과 솔잎을 걸고 있다. 흐뭇하다.

놀고 난 아이들은 알아서 두 줄 기차를 만든다.

꿀벌선생은 소나무가 잎을 만들면 이 년 동안 사용한다는 것과 열매도 두 해에 걸쳐 천천히 익힌다는 것을 알려준다.

가온은 우리 학교 은행나무가 남자나무라는 거, 이팝나무 열매가 단단하고 초콜릿색이라는 거, 산딸나무에 딸기 닮은 열매가 열리는 거, 계수나무 잎에서 달달한 냄새가 나는 것을 배운다.

운동장, 두 줄 기차 가운데쯤 선 꿀벌 선생이 묻는다.

"선생님 가방 속에 무엇이 들어있을까요?"

친구들 시선이 가방으로 몰린다. 가온이도 궁금하다.

"짜잔!"

뜸을 들이다 꺼낸 건 작년 늦가을에 따서 실로 꽁꽁 묶어 놓은 박주가리 열매다.

"열매가 익으면 반으로 쪼개지는데 어떤 소리가 나는지 들어보세요."

꿀벌선생은 실을 풀고 열매 가운데 난 틈에 힘을 준다.

"쩌억!"

"들려요, 들려. 쩍 소리 났어요."

가온도 들었다.

"보세요."

쪼개진 틈을 벌리자 안에서 하얀 갓털이 밀려나와 뭉게구름처럼 부풀어 오른다.

"우와!"

꿀벌선생이 갈색 씨앗 하나를 엄지와 검지로 잡고 묻는다.

"박주가리 엄마는 씨앗을 어떤 방법으로 멀리 보내려고 할까요?"

"……."

씨앗을 놓자 둥실 떠오른다.

아이들이 손을 번쩍 든다.

"저도 해볼래요."

"저도 주세요."

가온이도 얼른 날려보고 싶다.

"열매 하나에 얼마나 많은 씨앗이 들어있는지 보세요."

꿀벌선생은 박주가리 열매 하나를 담임선생에게 준다.

"남학생들은 담임선생님 따라가고, 여학생들은 꿀벌선생

님에게 옵니다."

가온이 서둘러 따라간다.

"한 줄 기차!"

담임선생 말에 꿀벌선생 앞에 모여 있던 여자아이들이 덩달아 줄을 선다.

"주세요, 주세요."

내미는 손들이 급하다.

아이들이 씨앗을 날린다. 박주가리 씨앗은 산들바람을 타고 둥둥, 먼 여행을 떠난다. 아이들은 바람결에 날아가는 씨앗을 좇아 온 운동장을 뛰어 다닌다. 바람이 멎자 내려앉는 씨앗들, 아이들이 입바람을 분다. 하지만 입바람은 마스크에 막히고 씨앗을 손으로 쳐서 올리는 아이들로 운동장이 떠들썩하다. 씨앗을 놓친 아이들은 돌아와 다시 받아간다.

가온은 씨앗이 바람에 날아 갈까봐 두 손 안에 가뒀다. 간질간질. 검지로 털을 만진다. 손가락 끝이 따스하다. 조금 더 세게 만지니 마치 강아지 등을 쓰다듬는 느낌이다. 그러다 두 손을 튕겨 씨앗을 날린다.

꿀벌선생은 휴대전화를 꺼내 사진을 찍는다. 파란 하늘을 향해 두 팔 벌린 아이들 모습이다. 담임선생도 어느새 사진을 찍고 있다.

"뛰어노는 아이들을 보니 참 좋군요."

꿀벌선생이 옆에 선 담임선생에게 말했다.

"그러게요. 언제쯤 두 줄 기차를 세우지 않아도 될는지……."

"……."

씨앗들을 바람결에 실어 보낸 가온이 돌아온다. 다른 친구들도 돌아와 두 줄 기차를 만든다.

"오늘은 열매에 대해서 알아봤는데, 어땠어요?"

"재미있었어요!"

아이들이 한 목소리로 말했다.

가온이도 큰 소리로 대답했다. 학교 숲도 재미있다.

줄을 서서 신발주머니를 가지러 가던 가온이 뒤를 돌아본다.

아이들 뒷모습을 지켜보던 꿀벌선생이 웃으며 손을 흔든다.

| 손바닥동화 |

짚신 장수와 우산 장수

"할머니이!"

"오냐, 서준이구나. 잘 지냈냐?"

"네."

신월 할머니와 서준이는 영상 통화 중입니다.

"밥은 먹었어?"

"네. 할머니는요?"

"먹었지. 아빠는?"

"회사에요. 요즘 맨날 늦어요."

"저런, 아빠가 힘드시겠구나."

"네. 토요일에도 회사 가고 일요일에는 잠만 자요."

서준이 아빠는 신월 할머니 사위입니다. 코로나로 세상이 떠들썩하기 전에는 사위가 무슨 일을 하는 줄 잘 몰랐습니다. 그저 컴퓨터를 공부해 좋은 회사에 다니는 줄로만 알았습니다. 그러다 사위가 눈코 뜰 새 없이 바쁘다는 소식을 들었습니다. 사위 회사에서 코로나에 걸렸는지 아닌지 알아보는 진단 키트라는 걸 만든다고 했습니다. 코로나가 자꾸자꾸 퍼지니 얼마나 바쁠까 싶긴 합니다.

"엄마는?"

"설거지해요."

신월 할머니 딸은 수영복 만드는 회사에 다닙니다. 코로나 때문에 사람들이 놀러 못 가니 장사가 안 된다고 했습니다. 일주일에 나흘 일 나가다 이제 이틀 나간다고 합니다.

"할미가 꼭 짚신장수, 우산장수 어미 같구나."

"무슨 말이에요?"

"옛날에 한 엄마에게 두 아들이 있었는데, 한 아들은 짚신 장사를 하고, 다른 아들은 우산 장사를 했대. 그 엄마는 비가 오는 날이면 짚신 장수 아들 걱정을 하고, 비가 안 오면 우산 장수 아들 걱정을 했단다. 그러니 걱정 끊일 날이 없었지. 코로나 때문에 네 아빠는 너무 바빠 몸 상할까봐 걱정이고, 네 엄마는 일이 없어 회사 못 나가니 걱정이고, 그래서 하는 말이다."

"아, 할머니 걱정 마세요. 전에는 엄마가 바빴는데 이제는 아빠가 바쁘고, 또 아빠는 많이 놀아줬으니까 이제 엄마랑 놀면 돼요."

"그래, 우리 서준이가 할미보다 생각하는 게 낫다."

"할머니, 사랑해요!"

"할미도 서준이 사랑한대이!"

보고 싶어요

"엄마, 울어요?"

동생이 눈치 없이 물어요.

"아냐."

발개진 눈에 훌쩍이는 코, 누가 봐도 운 얼굴인데 엄마는 아니라고 해요.

엄마는 돌아서서 앞치마를 메더니 개수대에서 손을 씻어요. 동생을 데리고 방으로 들어와요.

나는 엄마가 왜 우는지 알아요. 조금 전에 엄마 전화기 너머로 외할머니 목소리가 들렸거든요.

"니 아부지 산소에 갔다 왔다. 애들 다음날 출근해야 되니 제사 일찍 모실지도 모른다고, 오늘도 오고 내일도 오시라고 고했지. 니 아부지 여기 모시길 정말 잘 했지. 문중 산 터도 좋다고 했는데 거기 모셨으면 마음 있어도 우예 가겠노."

외할머니는 웃으며 이야기하는데, 엄마는 울상이 되었어요.

작년에도 외할아버지 기일에 못 갔어요. 가까운 대구가 감염병 특별관리지역이 되었기 때문에요. 외할머니는 아예 올 생각 말라고 했어요. 나라 녹을 먹으니 더 조심해야한다고.

엄마는 막내예요. 안 그래도 외할머니와 지낼 시간이 짧아 속상하다 하는데 코로나19가 발생하고는 한 번도 못 갔어요. 생신, 추석도 그냥 지나갔어요. 대신 자주 영상통화를 해요. 한번은 할머니가 그랬어요.

"코로나가 이제 고만 끝났으면 좋겠다. 너희들 보고 싶다."

그때도 엄마는 눈가를 훔치곤 했어요.

겨울방학을 앞두고 아빠가 말했어요.

"한 번 다녀올까?"

"그럴 까요? 괜찮겠죠?"

그런데 우리는 외갓집에 가지 못했어요. 사회적 거리두기로 다섯 명 이상 모이지 말라고 했거든요.

외할머니를 생각하니 가슴이 찌르르해요. 전화를 해봐야겠어요.

"민성아!"

할머니는 웃으며 전화를 받았어요.

"할머니, 코로나 조심하시고 건강히 지내세요."

갈래머리 하얀 소녀 외

노원화

문화예술을 사랑하고 좋은 책을 만나면 행복한 사람입니다.

책을 매개체로 어린이, 청소년, 성인과 소통하는 일을 하고 있습니다. 좋은 책으로 마음 나누기하며 치유와 성장으로 발전할 수 있도록 조력자 역할을 하고 있습니다.

제가 읽는 좋은 책들처럼 독자의 마음에 파동을 일으킬 수 있는 글을 쓰고 싶습니다.

갈래머리 하얀 소녀

“오메, 으째서 문이 잠겼으까잉?”

얼굴이 마스크로 반쯤 가려졌어도 실망한 표정이 역력했어요. 할머니는 현관 앞을 서성이다 유리에 붙어있는 안내문을 손가락으로 짚어 가며 천천히 읽었어요.

‘코로나19, 사회적 거리두기 강화로 당분간 경로당 문을 닫습니다.’

할머니는 아쉬운지 유리문 가까이 얼굴을 대고 경로당 안을 빼꼼히 들여다봤어요.

“도담아, 할미가 헛걸음 해부렀다야잉.”

할머니는 도담이 목줄을 잡고 천천히 걸었어요. 모처럼 시내 나온 김에 봄바람 맞으며 장도 봤어요.

"빵빵! 빵빵!"

자동차 소리에 도담이가 할머니를 향해 짖었어요.

"할머니, 자동차 지나가요!"

할머니는 한쪽으로 비켜서서 마스크를 고쳐 썼어요. 간만에 시내 나와 마스크 쓰는 게 불편하고 답답했어요.

"우리 도담이가 이라고 할미를 잘 챙겨준당가. 고맙다잉."

할머니는 읍내 외곽 선녀 바위가 내려다보는 산 아래 편백나무로 지은 작은 집에 살고 있어요. 봄볕 끝자락에 할머니는 아흔 살이 돼요. 도담이도 할머니처럼 나이 많은 늙은 개였어요. 15년을 함께 살고 있거든요. 느릿느릿 어슬렁거리며 할머니를 따르는데 그 모습이 재미있어요. 조심조심 걷는 할머니가 도담이를 돌보는지 졸졸 느릿느릿 할머니 뒤만 따르는 도담이가 할머니를 돌보는지 헷갈리거든요.

봄이 완연한 날 아침이었어요. 하얀 머리를 갈래머리로 땋아 묶은 할머니는 소녀 같았어요. 그런 할머니가 분주하게 부엌을 왔다 갔다 무언가를 만들고 있어요. 요 며칠 기운 없던 모습이 아니었어요. 기분 좋은 이유가 무엇인지 콧노래까지 흥얼거리며 손도 몸도 움직임이 빨랐어요.

♪봄이 오면 산에 들에 진달래 피네~♬

하얀 갈래머리 할머니는 연신 흥얼흥얼 어릴 적 봄노래를 부르며 손이 바빴어요. 그때였어요. 빨간 자동차가 할머니 마당으로 들어왔어요. 빵빵 경적을 울리면서요. 도담이는 차만 보고도 금세 꼬리를 흔들며 반가워했어요. 읍내 복지관 선생님 차였어요. 차에서 내린 선생님은 분무기를 꺼내 머리부터 손이며 몸에도 소독약을 칙칙칙 뿌렸어요. 하얀 마스크도 썼고요.

"도담아, 할머니 계시니? 홍장순 할머니! 할머니!"

하얀 마스크를 썼는데도 선생님 목소리가 얼마나 컸던지 편백나무에 앉아 있던 새들이 포르르 날아올랐어요. 그런데도 할머니는 소리를 듣지 못했나 봐요. 걱정이에요. 날이 갈수록 할머니 귀가 어두워지고 있어요.

'할머니, 손님 왔어요! 복지관 선생님 왔다고요!'

도담이가 요란스럽게 짖어 대서야 할머니는 부엌에서 하던 일을 멈추고 밖을 내다봤어요. 앞치마에 물 묻은 손을 훔치고 부엌을 나오며 할머니가 말했어요.

"으차스까잉. 나가 보청기를 안 끼믄 요로코롬 귀가 어둡당께. 선상님, 은제 오셨당가?"

할머니는 마루 한쪽에 놓아둔 보청기를 끼고, 하얀 마스크도 썼어요. 복지관 선생님은 천천히 큰 목소리로 말했어요.

"안녕하셨어요? 할머니, 오늘 모습이 소녀같이 아름다워요. 이렇게 예쁜 분이 전화해도 도무지 안 받고, 어디 아픈 건 아닌가 걱정했어요!"

"아이고, 나는 암시랑토 안허요. 이라고 귀가 어두운 것만 쪼까 불편하제. 괜찮해."

"그런데 할머니. 휴대전화는 왜 안 받으세요?"

할머니는 머뭇거리다 말했어요.

"거시기, 뭐시냐믄 고장났어라우. 고쳐와야 쓴디 귀찮아서 안 나갔구만잉."

"그러셨군요. 제가 수리센터에 맡길게요."

할머니는 복지관 선생님 말을 들으며 선생님을 마루에 앉혔어요.

"고맙구만요. 선상님, 요기 쪼까 앉으시오. 나가 맛보여 주고 싶은 것이 있당께."

할머니가 작은 상에 한가득 뭔가를 담아 나왔어요. 고소한 냄새가 솔솔 풍겼어요. 선생님은 얼른 일어나 상을 받아 마루에 놓았어요.

"잡숴 봐. 주전부리 쪼까 맹글었는디 내 입에는 괜찮더라고잉."

할머니는 진달래꽃을 따다 꽃지짐을 했어요. 두릅나무에 두릅 새순으로 두릅튀김도 했고요. 편백나무 집 주변에 파릇파릇 자란 개똥쑥을 솎아 개똥쑥 튀김도 했어요.

작은 상에 올려진 꽃지짐은 진달래꽃이 활짝 피어 달콤한 향기를 내뿜었어요. 노란 튀김옷을 입은 연초록 두릅튀김과 개똥쑥 튀김에선 고소한 냄새가 코끝을 자극했고요.

"어머나, 예쁘기도 해라. 아까워서 먹을 수 있을까요?"

선생님은 꽃지짐과 튀김을 보며 감탄했어요. 할머니는 어느새 지난해 개똥쑥을 말려 우려낸 쑥차까지 가져왔어요. 선생님은 마스크를 벗고 꽃지짐을 한 입 먹으며 말했어요.

"우와! 정말 맛있어요. 홍장순 할머니표 꽃지짐은 역시 최고예요!"

선생님이 엄지손가락을 치켜세웠어요. 할머니는 그 모습에 별것도 아닌데 그런다며 손사래를 쳤지요.

"할머니, 두릅튀김이랑 개똥쑥 튀김은 처음 먹어 봐요. 진짜 특유의 향이 입맛을 당기네요."

"그라지라우. 요 개똥쑥은 코로나19에 좋을 것이요. 우덜 아그 때 '하루거리' 걸리믄 개똥쑥을 먹었는디 테레비 뉴스 본께 요것으로 코로나 치료제 맹근다고 합디다."

"홍장순 할머니 멋져요. 뉴스도 보시고, 모르는 것이 없으세요."

오늘 할머니는 90살이 맞나 싶게 총명하고 움직임이 빨랐어요. 선생님은 그런 할머니를 보니 조금 안심이 됐어요. 편백나무 집 오는 동안 나쁜 일이 생겼을까 봐 조마조마했거든요.

복지관 선생님은 쑥차를 마시고 난 후 상을 한쪽으로 물리고 할머니 옆에 바짝 앉았어요. 그리고 천천히 또박또박 할머니가 잘 듣도록 말했어요.

"할머니, 제발 시내로 나가자고요! 이러시면 석봉 할아버지가 하늘에서 저를 원망한다고요! 아까는 아드님이 영국에서 복지관에 전화했어요! 할머니가 전화를 안 받아 걱정된다고요!"

"그랬구마잉. 내가 보청기 끼는 걸 깜박해서 여러 사람 고

생해붓네. 으차스까잉."

선생님은 보청기를 자기 전까지 꼭 끼고 있으라고 신신당부를 했어요. 그리고 가방에서 마스크가 들어있는 박스를 꺼내 할머니께 드렸어요.

"편백나무 집 옆으로 등산객들이 오고 가니까 그럴 땐 꼭 마스크 쓰셔야 해요. 아셨죠?"

"그라제라잉. 고맙소, 그래도 우리 읍은 코로나 확진자 한 명도 없다믄서라우."

"네, 군민들이 방역수칙을 잘 지켜서 그렇대요. 호르라기 방역단 봉사 단체도 한몫을 했고요."

복지관 선생님은 할머니가 만들어준 꽃지짐과 튀김이 힐링푸드 같았어요. 어디서도 맛볼 수 없는 특별한 건강 음식 같았어요.

"옛날에도 '하루거리'라는 전염병 땜시 고생한 사람들이 많었어라우. 하루 걸러 오한과 고열에 시달리는 열병이라 '하루거리'라고 했는디 시방 말로는 '학질', '말라리아'라고 하지라우. 내가 아그 때 그 병 땜시 열병으로 귀가 어두워졌다고 하드라고잉."

"네…. 그러니까 보청기도 잘 챙기시고, 전화도 잘 받아야 해요. 약속하세요."

"잉. 인자 진짜로 끼고 댕길께라우. 그랑께 내 걱정말고 언능 땃땃할 때 잡수시요."

선생님은 못이기는 척 따뜻한 쑥차를 마시고, 꽃지짐도 먹었어요. 바사삭바사삭 튀김 먹는 소리가 도담이한테도 고소하게 들렸나 봐요. 소리가 날 때마다 도담이가 복지관 선생님을 쳐다봤어요.

"도담아, 미안해. 너도 줘야 하는데…."

선생님은 도담이를 보며 미안해했어요.

"할머니, 도담이 한 입 줘도 될까요?"

"암만, 그라소, 도담이도 영감 살아생전 두릅튀김 해주면 잘 묵었지리우."

복지관 선생님이 도담이 밥그릇에 두릅튀김을 나눠주며 말했어요.

"도담아, 할머니 잘 지키고 있지. 너만 믿는다!"

머리를 쓰다듬어주는 선생님의 손은 따뜻했지만 도담이는 선생님을 보며 자꾸만 짖었어요. 뭔가 할 말이 있는 것처럼요.

"복지관 선생님, 할머니가 두릅 따러 갔다가 큰일 날 뻔했어요."

"오메, 뭔일이당가. 우리 도담이가 두릅튀김을 안 묵고 으째서 이라고 짓는 당가."

"도담아, 무슨 말을 하고 싶은 거니? 할머니가 시내로 나가야 하는데 자꾸만 고집이시다. 어쩌면 좋을까?"

선생님은 쓰담쓰담 도담이를 감싸주며 말했어요.

할머니는 꽃지짐과 야채 튀김을 담은 반찬통을 선생님 손에 들려줬어요.

"선상님, 요거 가져가서 잡수소. 절대 사양하믄 안돼요잉."

할머니 마음을 알기에 선생님은 감사히 받았어요. 그리고 안방에 들어가서 '응급안전안심서비스'를 살피고 나왔어요.

"할머니, 안방에 방향제 향기가 엄청 좋네요."

"잉. 경로당서 아로마 수업 때 맹근건디 잠도 푹 자고 좋소잉. 코로나 땜시 경로당도 문 닫었어라우. 내가 나중에 선상님 것도 맹글어 드릴게."

"우와, 약속하셨어요!"

선생님이 한쪽 눈을 찡긋하며 말했어요.

복지관 선생님은 마루 밑을 내려다보며 도담이를 불렀어

요. 도담이는 누워있다 부르는 소리에 멍멍 짖으며 꼬리를 흔들었어요. 마치 할 말이 있는 것 같은 표정이었어요. 선생님은 그런 도담이를 안고 안방으로 갔어요.

“도담아, 할머니한테 무슨 일이 생기면 네가 할 일이 있어. 잘 봐. 여기 빨갛고 동그란 버튼 보이지. 이걸 이렇게 앞발로 꾹 누르는 거야. 알았지.”

선생님은 도담이 앞발로 버튼 누르는 연습을 시켰어요. 도담이는 누를 때마다 멍멍 짖으며 알은체를 했어요. 선생님은 도담이를 칭찬하며 나오려다 서랍장 위에 휴대 전화를 발견했어요.

“할머니, 이 휴대 전화는 고쳐다 드릴게요.”

“오메, 고맙소, 내가 이라고 선상님 신세를 진당께.”

선생님은 할머니 옆으로 바짝 다가갔어요. 눈에 힘을 주고 진지한 표정으로 말했어요.

“홍장순 할머니, 이번 가을까지만 여기 계시고, 겨울엔 시내에서 살아요. 그래야 복지관, 경로당도 가깝고 친구분들과 왕래도 자주 하지요.”

“내가 시방 시내 나가믄 뭔 재미가 있다요. 하루를 살아도 여그서 사는 것이 편하당께. 영감이랑 평생을 산 추억이 있는디, 우리 도담이도 이라고 잘 지내고잉."

선생님도 할머니 마음은 이해하지만 여간 걱정이었어요.

5년 전, 석봉 할아버지는 도담이한테 신신당부를 했어요.

"도담아, 할애비가 저 세상 가믄 할미 잘 부탁혀. 니가 할미 벗이 돼 줘야 한다. 알긋냐."

할아버지는 도담이와 편백나무 숲을 산책할 때마다 이 말을 되풀이 했어요.

"그러면 할아버지가 건강하게 오래 살면 되지요."

도담이가 '멍멍' 짖으며 소리쳤지만 할아버지는 떠나고 말았어요. 그 후 도담이는 할머니 껌딱지가 되어 언제나 졸랑졸랑 할머니 뒤를 따랐던 거예요.

며칠 전 할머니는 도담이를 깜짝 놀라게 했어요. 선녀 바위산 언덕배기에 두릅을 채취하러 갔다 발을 헛디뎌 산비탈로 굴러떨어졌거든요. 할머니는 그만 정신을 잃고, 한참을 쓰러져 있었어요. 할머니 휴대 전화가 망가진 것도 그때였어요.

'할머니, 홍장순 할머니! 일어나세요! 여기서 잠들면 안 돼요!'

도담이는 온 힘을 다해 '멍멍멍' 할머니를 불렀어요. 할머니 옆에 떨어진 휴대 전화를 발로 눌러봤지만 아무 소용이 없었어요. 도담이는 할머니 팔을 붙들고, 이리저리 흔들다가, 얼굴을 핥다가, '멍멍멍' 짖기를 거듭했었죠. 그렇게 얼마만큼 시간이 흘렀을까요? 해가 산허리를 넘어갈 때쯤 할머니는 정신을 차렸어요. 긁히고, 멍든 팔다리를 주무르며 말했지요.

"오메오메 으차스까잉. 도담아. 니가 할미를 살려 부렀다냐. 할미는 석봉 씨 만나러 가는 갑다 생각혔는디 고맙다잉……."

그날 저녁부터 할머니는 조금씩 이상한 행동을 보였어요. 깜박깜박 잊어버리는 일이 잦았고, 멍하니 있을 때가 많았지요. 어떤 날은 밥을 까맣게 태워서 도담이도 굶는 일이 있었고요. 봄볕에 말렸던 빨래는 빨랫줄에 걸려 밤새도록 이슬을 축축하게 맞아야 했어요.

도란도란 이야기 나누다 복지관 선생님이 시계를 봤어요. 돌아갈 시간이에요. 선생님이 일어났어요.

"복지관 선생님, 할머니가 이상해요. 자꾸 깜박깜박 한다고요…….”

도담이가 멍멍 짖으며 선생님 자동차 주변을 맴돌았어요. 선생님이 알아들었을까요? 자동차를 타려다 말고 할머니 곁으로 왔어요.

“할머니! 텔레비전도 보시고, 전화 불빛 반짝이면 꼭 받아야 해요!”

“아따, 걱정 말랑께. 선상님도 운전 조심하시오. 와줘서 참말로 고맙소잉.”

“도담아, 할머니 잘 부탁해. 빨간 버튼 꾸욱 누르는 거 잊지 말고, 할머니 생신 때 보자!”

도담이도 선생님 이야기에 인사를 하듯 멍멍 짖으며 꼬리를 살살 흔들었어요.

복지관 선생님이 다녀가고 며칠 후였어요. 봄은 더 깊어졌고, 갈래머리 하얀 소녀 할머니 생신도 며칠 남지 않았어요. 그런데 할머니는 석봉 씨가 할머니 혼자만 두고 떠났다고 석봉 씨를 원망하며 눈물을 훔쳤어요. 그러다 갑자기 소녀처럼 갈래머리를 땋았어요. 거울 앞에 앉아 얼굴에 톡톡톡 분까지 발랐지요. 하얀 갈래머리 소녀는 입술을 바르며 석봉 씨랑

데이트 간댔어요.

"석봉 씨! 도담아, 우리 석봉 씨 못 봤다냐. 읍내 영화 보러 가기로 했는디 어디 갔으까잉."

도담이는 할머니의 그런 모습이 걱정이었어요. 그래서 '끄으응 끄으응' 슬프게 짖었어요.

"할머니, 석봉 할아버지는 돌아가셨잖아요. 왜 그래요. 정신 차리세요!"

해님도 걱정스러운지 선녀 바위산으로 넘어가다 잠시 멈추고 있을 때 정신이 들었어요.

할머니가 토방에 풀썩 주저앉으며 말했어요.

"아이고, 내가 으째서 대문 앞에 있었으까잉. 우리 도담이 배고프겄다."

"할머니, 이제 알았어요? 제발 기억줄 좀 꽉 붙잡아요."

껌딱지 도담이도 할머니 따라 토방으로 올라오며 '멍멍멍' 소리쳤어요.

"도담아, 꿈에 느그 할애비가 보였서야잉. 오랜만에 영감이 보여서 그랬당가? 내가 으째서 이라고 정신머리 없이 행동하까잉."

할머니는 개똥쑥이랑 표고버섯을 넣어 된장국을 끓였어요.

"할미가 국물 삼삼하게 했응께 이거 묵고 코로나 걸리지 말자잉. 알긋자."

도담이는 할머니가 만들어준 저녁 식사를 말끔히 먹어 치웠어요. 할머니 음식은 언제나 건강식이었어요.

"네! 할머니, 그러니까 이제 진짜 아프면 안 돼요!"

봄이 저물어 가는 할머니 생신날 아침이었어요. 왕벚꽃잎이 흰 눈처럼 날리는데 도담이가 이상해요. 한참을 '멍멍멍' 짖다가 '크르릉' 무섭게 짖기도 하고, '펄쩍펄쩍' 뛰기도 했어요.

간신히 마루에 올라 헉헉거리며 안방으로 갔어요. 할머니는 식은땀을 흘리며 끙끙 앓고 있었어요. 도담이는 할머니 팔을 흔들었어요. 두릅 따던 그날 보다 세게 흔들었지요.

"할머니, 아직도 자? 해가 마루까지 왔는데 어서 일어나세요. 할머니! 할머니!"

도담이는 할머니 얼굴을 핥았어요. 귀에 대고 목이 터져라 짖었어요. 텔레비전 옆 빨간 버튼도 '꾸욱!' 세 번을 눌렀어요. 이번엔 '멍멍멍' 온 힘을 다해 짖었어요.

"할머니! 구급차 왔어요! 이제 괜찮아요!"

선녀 바위가 내려다보는 산 아래 사이렌 소리가 울려 퍼졌어요. 도담이 귓전에도 사이렌 소리가 점점 크게 들여왔어요. 마치 편백나무 숲을 삼킬 것처럼요. 구급차가 편백나무 집에 도착했어요.

"할머니! 홍장순 할머니!"

복지관 선생님과 응급실 선생님이 할머니 방으로 들어왔어요.

그제야 선녀 바위도 안심했는지 아침 햇살을 받으며 환해졌어요.

정(情)과 오지랖 사이

"전철에 이동 상인이 안 보이네. 코로나19 때문인가 봐."

엄마가 그렇게 말하는 걸 봐서 분명 이모 생각을 했나 보다. 나도 엄마 옆에 앉으며 이모를 생각했었다. 전철 안이 생각보다 한산했다. 코로나19 확산이 다시 심해지며 대중교통을 꺼리는 사람들이 많기 때문일 것이다.

엄마 고향에 다녀오는 길이다. 내려갈 땐 아빠가 데려다줬는데 회사에 급한 일이 생기면서 아빠는 먼저 올라왔다.

"엄마, 또 이모 생각했어? 나도 그랬는데……."

나는 엄마 옆으로 더 바짝 다가가 팔짱을 꼈다. 엄마가 다른 손으로 내 손등을 토닥였다. 그리고 서로를 봤다. 엄마의 작은 눈이 웃었다. 그런 엄마 눈이 촉촉했다. 누가 이모 언니 아니랄까 봐 그런지 엄마는 감정에 충실하고 울보다.

일 년 반 전, 이모와 엄마 그리고 나는 지금처럼 전철을 타고 집으로 가고 있었다.

6학년 봄이다. 엄마와 나는 이모가 종합 검진 받을 때 함께 있었다. 우애가 깊은 엄마는 이모 혼자 검진받으면 무섭고, 두렵고, 외로울 거라 했다. 엄마가 쉬는 주말을 이용해 검진을 받게 했고 우린 동행했었다. 집으로 오는 길, 부천으로 오는 인천행 전철을 탔다. 빈자리가 나서 이모와 내가 같이 앉고, 엄마는 맞은편 빈자리에 앉았다.

이모는 검진받는 1박 2일 동안 줄곧 놓지 않던 책을 꺼냈다. 중학생이 되면 나도 읽어 보라며『페스트』라는 책을 읽었다. 나는 호기심에 같이 보려다 빽빽하게 채워진 글씨에 읽고 싶은 충동을 멈췄다.

심심해진 나는 휴대 전화를 꺼냈다. 친구들과 단톡방에서 문자를 주고받고 있었다. 맞은 편에 앉은 엄마는 팔짱을 끼고 눈을 감고 있었다. 차를 타면 잠을 자는 엄마의 습관은 전철에서도 여전했다. 일종의 차멀미였다.

그때 검은 그림자가 이모 앞으로 왔다. 풀썩 주저앉는가 싶더니 순식간에 이모 구두를 닦기 시작했다. 이모는 너무 놀라 소리를 질렀다.

"으아악!"

감정에 충실한 이모, 두 발을 버둥거리며 지르는 비명에 나는 휴대 전화를 떨어뜨릴 뻔했다. 이모의 비명은 원초적인 소리, 저 밑바닥에서 올라오는 영혼마저 겁먹은 소리 같았다.

"누구세요? 왜 이러세요? 그러지 마세요."

"자자, 괜찮습니다. 잘 닦아 드릴게요."

엄마를 비롯하여 같은 칸에 탄 승객들의 시선이 우리에게 향했다. 엄마는 일어서려다 주춤 다시 앉았다. 이동 상인이란 걸 알고 오히려 호기심으로 봤다.

정적을 깬 이모로 인해 꾸벅꾸벅 졸거나, 휴대 전화를 보거나, 수다를 떨던 사람들이 일제히 이모와 나를 보게 된 것이다. 그러다 별거 아니라는 듯 다시 자신들의 원래 자세로 돌아갔다. 나와 이모에게 일어난 일이 그들에겐 대수롭지 않다는 표정이었다. 나는 창피해서 휴대 전화를 더 가까이했다.

이모 두 발은 여전히 정체 모를 아저씨가 붙잡고 있었다. 발버둥을 쳐도 아저씨는 괜찮다며 이모 발을 잡고 열심히 구두를 닦았다. 쓱싹쓱싹 반들반들 어느새 한쪽 구두는 새 구두처럼 보였다. 윤기가 자르르했다.

나는 친구들에게 이 일을 문자로 알렸다. 마치 전철 안을 보도하는 특파원 같았다.

"오메, 참말로 새 구두 같소. 으째 그라고 잘 닦는다요?"

이모 왼쪽에 앉은 할머니가 감탄하며 말했다.

"제가 한 게 아닙니다. 이 구두약이 닦은 것입니다."

"참말로 이쁜 구두가 되부렀소. 파리가 앉았다가 낙상할 것 같이 반들반들허요."

아저씨는 다른 한쪽도 마저 닦았다. 이모 구두는 까맣고 발목까지 오는 부츠였다. 구두닦이 딱 좋은 구두이기도 했다.

"그러면 구두약을 파는 거요?"

내 오른쪽에 앉은 중년의 아저씨가 허리를 구부리고 구경하며 물었다.

"네, 정말 잘 닦이는 구두약입니다. 이 구두약으로 말할 것 같으면…….”

아저씨는 구두약을 만들 게 된 배경, 사업, 폐업 지경에 이른 상황을 좌르르 술술술 이야기했다. 이제 사람들이 온통 우리 주변으로 시선을 모았다. 이모가 엄마와 눈을 맞추더니 물었다.

“원아, 몇 개 살까?”

이모는 나를 보며 손가락 두 개를 폈다가 한 개를 펴기를 반복했다. 건너편에서 엄마가 ‘두 개!’라고 손가락 두 개를 폈다.

이모와 엄마는 정이 많고, 마음이 약하고, 순수하다. 그래서 만날 우리 아빠한테 듣는 소리 중 하나가 ‘이동 상인한테 물건 사 오지 말라’는 이야기다.

“맞아, 이모 제발 전철에서 뭐 좀 사지 말라고!”

“그래, 처제야. 그 사람들 하나도 안 불쌍해. 아마 BMW 타고 다닐걸. 처제나 우리 원이 엄마같이 순진한 사람만 속는 거야.”

“두 개 사면 얼마예요?”

이모는 가방을 열고 지갑을 꺼내고 있었다.

나는 툭툭 이모 옆구리를 팔뚝으로 찌르며 신호를 보냈다. 하지만 이모는 이미 지갑에서 만원을 꺼내고 있었다. 그런데 신도림역에서 전철 문이 열렸다. 아저씨가 가격을 말하려다 후다닥 일어나더니 전철 밖으로 나갔다. 이모 옆에 앉아 있던 할머니도 내렸다. 나는 이모가 안 사서 '휴~'하고 안도의 숨을 쉬었다. 그때였다.

"너는 왜 안 내리냐?"

내 옆에 있던 아저씨가 물었다. 나는 무슨 말인지 몰랐다.

"네?"

"왜 금방 내린 잡상인 따라 내리지 않냐고."

이번엔 이모가 무슨 말이냐며 놀라 내 옆에 아저씨를 쳐다보며 물었다.

"네? 그게 무슨 말씀이세요?"

"잡상인이랑 부부 아니신가 했어요."

"맞아요. 아까 구두약 파는 아저씨랑 일행 아니었어요?"

아저씨 옆에 아주머니까지 덩달아 실소를 금치 못 할 말을 했다.

"네?"

맞은 편에 앉았던 엄마가 언제 이모 옆에 앉았는지 똑같이 놀라서 한 말이다.

"어머, 우리 부부는 여기 딸이랑 엄마가 구두약 파는 잡상인과 가족인 줄 알았어요. 아까 내린 할머니랑 다 같이 말이죠."

"네?"

아니, 이모랑 엄마는 '네?'라는 단어밖에 말할 줄 모르는지 나오는 말이 계속 한 글자 '네?'였다. 나는 나도 모르게 불쑥 말하고 말았다.

"아니에요. 우리 이모인데 왜 그러세요? 알지도 못하면서 막 함부로 말하고 그러세요?"

"어머어머, 그랬구나. 미안해. 아니 막 너무 놀라면서 사람들을 집중시켰잖아. 손가락을 접었다 폈다 하면서 살 것처럼 관심 끌고 막 그러니까……."

"맞아, 맞아. 나도 그렇게 생각했어요."

다른 아주머니도 맞장구쳤다.

"응, 그러고 여기 어린이는 자꾸 휴대 전화로 문자 보냈잖아요."

또 다른 아주머니가 오해할 수밖에 없었다며 상황을 이야기했다. 나는 부끄럽고 창피해서 눈물이 나려 했다.

"호호호, 그런 상상을 하셨군요. 재미있네요. 우리도 이동 상인이 해 볼까?"

뭐가 재미있는지 웃으며 말장난하는 이모를 향해 눈을 흘겼다.

"그럴까? 원아, 이동 상인 아저씨가 일을 잘해서 그런가 봐. 호호호."

엄마도 그렇게 말하며 내게 눈을 찡긋했다. 하지만 나는 입을 쭈욱 내밀며 불편한 마음을 온몸으로 표현했다.

이모가 발을 동동 구르며 소리치던 순수한 모습을 다른 사람들은 연기로 여겼다. 그래서 오해를 불러일으켰다. 놀라는 척, 주의를 집중시키고, 부끄러운 척, 순진한 척하는 일행이라고 생각했단다.

뜨악, 사람들은 안 보는 척 우릴 다 보고 있던 것이다. 그러면서 이모와 내가 그들과 짜고 연기한다고 생각했단다. 특히 전철을 타자마자 주의를 한번 둘러보고 책을 꺼내서 읽고 그런 모습이 낯선 모습이었단다.

이쯤 되면 뭇사람들에게 우리 행동이 얼마나 우습게 보였을지 생각하지 않을 수 없다.

나는 부끄럽고 창피해서 내리고 싶었다.

"엄마, 우리 내렸다가 다음 전철 타고 가자."

"안돼! 이 자리 어떻게 얻은 자린데 내려."

누가 자매 아니랄까 봐 두 자매는 그냥 타고 가자고 했다.

일 년 반이 지난 지금, 엄마와 나는 그날처럼 전철을 타고 집으로 가고 있다. 그렇지만 이모는 이 세상에 없다.

종합 검진을 받았던 날 이후 이모의 삶은 달라졌다. 우리 가족의 삶도 달라졌다. 그때 전 세계에 코로나19가 창궐했고, 이모는 위암 말기 판정을 받았다. 이모는 1년간 암이란 병마와 싸웠고, 코로나19와도 싸웠다. 그렇지만 그놈들을 이기지 못하고 우리 곁을 떠났다.

"다음 역은 부천역, 부천역입니다. 내리실 문은……."

"딸, 내리자. 우리 딸이 이모 닮은 구석이 많네. 전철에서 책 읽는 것도 그렇고 말이야."

나는 『페스트』를 읽다가 덮었다. 이모가 떠난지 6개월이 지났다. 이모는 떠났어도 이동 상인에게 샀던 물건들은 아직도 많이 남았다. 향기 나는 부채, 팔토시, 양산, 돗자리, 거치대, 모기약, 셀카봉, 휴대 전화 베터리 충전기 등등 다양하다.

부천역을 나오는데 할머니가 쭈그려 앉아 더덕을 팔고 있었다. 더덕 향기가 엄마와 나를 붙잡았다. 엄마는 어김없이 그냥 지나치지 못했다.

"할머니, 더덕 한 바구니 주세요!"

슬픈 크리스마스 외

문이령

경기도 우산이 마을에서 태어났다.

부천 성주산 밑에서 야학에서 만난 남편과 둘이 산다.

글 쓰는 남편과 살면서 글도 쓰게 되었다. 지은 책으로 『복순이네 꼬꼬』『짱구 왈왈』『어머니 꽃 구경 가요』『짱구, 안녕!』『왕따 삼식이』『먼 길』등이 있다. 아동복지센터에서 봉사하면서 보건복지부장관상을 받았고 제28회 복사골문학상도 수상했다.

현재『한우리독서홈스쿨』을 하면서 아이들과 공부하며 논다.

슬픈 크리스마스

♪ 흰 눈 사이로 썰매를 타고 달리는 기분
상쾌도 하다~ ♬

아이들은 신나는 노래를 부릅니다.
선물을 기다리며 가슴이 두근거립니다.
아파트 정문 화단 앞에는 트리가 반짝이며 서 있습니다.

간밤에 눈이 내렸습니다.
우리 집은 아무 소리도 들리지 않았습니다.
텔레비전 소리도 주방에서 밥하는 소리도.

"……?"

아빠가 멍하니 창밖을 내다보고 있습니다.

"우리 공주 일어났구나."

아빠가 표정 없는 얼굴로 말했습니다.

"예담아, 엄마가 어젯밤 죽었단다."

아빠가 나를 꼭 안아주면서 말했습니다.

"거짓말! 오늘은 만우절이 아니고 성탄절이야. 아빤 바보야?

예수님 태어나신 날이라고요."

나는 아빠의 거짓말에 속지 않으려고 또박또박 말했습니다.

"그러게 말이다. 아빠도 병원에서 연락받고도 믿기지 않아. 엄마가 죽은 걸 보지도 못했는데……."

아빠 눈물이 금세 볼을 타고 흘러내렸습니다.

"안돼! 그럴 순 없어. 엄마가 크리스마스에 죽을 수는 없어. 그게 말이 돼?"

나는 아빠한테 소리를 질렀습니다.

나는 날마다 기도했습니다. 그런데 하느님은 내 기도를 들어주지 않으셨습니다.

"하느님 제가 기도했잖아요. 크리스마스 선물 같은 건 필요 없어요. 그냥 엄마만 아프지 않게 해 주세요. 아니 아파도 괜찮아요. 저하고 함께 살게만 해 주세요. 그런데 이게 뭐예요? 하필 성탄절에 엄마를 데려가시다니요. 저보고 어쩌라고요?"

나는 하느님께 따졌습니다.

아빠는 한동안 말이 없으셨습니다.

"아빠, 우리 엄마한테 가요."

"안 된다는구나."

"왜요?"

"아빠가 자가 격리라는구나."

"네?"

"엄마가 병원 갈 때 같이 갔었잖니. 밀접 접촉자라서 그렇다나 봐."

"하아, 진짜…."

"그리고 지금 상황에 장례를 바로 치를 수도 없대. 나중에 화장해서 유골을 집에 가져다준다고 하더라. 정확히 날짜도 잘 모르고. 그냥 기다리라고 하더라."

"그런 게 어딨어? 엄마가 죽었는데 장례도 못 치르고 이게 말이 돼?"

"그러게 말이다. 이게 무슨 일이지, 왜 이런 세상을 살게 되었는지 나도 실감이 잘 안 난다."

아빠도 현실이 믿어지지 않는 모양입니다.

아빠는 아빠 절친한테 전화했습니다.

"자네 별일 없지? 자네한테는 말해야 할 것 같네. 어제 우리 집사람이 죽었어. 집사람이 투석하러 다니다 코로나 감염이 되었어. 병원에 입원해 있다 증상이 심해져 중환자실로 옮겼어. 호흡기를 껴야 하니 전화조차 할 수 없었어. 얼굴도 못 보고 목소리도 못 듣고 그냥 거기서 세상을 떠났네. 지금은 장례를 치를 수도 없다네"

"그럼 자네는 어디 있나?"

"딸애하고 둘이서 집에 있어."

"잘 견디게, 밥 굶지 말고."

밥 굶지 말라는 아저씨 목소리가 내 귀에까지 들렸습니다.

"예닮아, 밥 먹어야지!"

아빠가 벌떡 일어서시며 잊어버리고 있었던 일이 생각난 듯 말했습니다.

엄마가 나에게 늘 하시던 말입니다.

학교에서 돌아와도 피아노 학원에서 돌아와도 놀이터에서 놀다 와도 엄마는 늘 '밥 먹어야지'라고 말씀하셨습니다. 듣기 싫도록 듣던 말인데 이제는 더 이상 들을 수 없다고 생각하니 눈물이 또 나왔습니다.

아빠는 주방으로 가서 원고료로 받은 철원 오대쌀 포대를 푸셨습니다.

하얀 쌀을 씻어 전기밥솥에 앉히셨습니다.

우리 아빠는 음식을 잘하십니다. 처음부터 잘한 것은 아니고 전에는 엄마가 하시고 아빠는 글만 쓰셨는데 엄마가 아프고 나서, 엄마가 투석하러 병원에 가시면서 항상 밥을 하셨습니다. 밥뿐만 아니라 엄마 입맛에 맞는 것을 해 드리려고 레시피를 보면서 요리를 하시곤 했습니다.

"예닮아, 우리 밥 먹고 성탄 예배드리자."

"교회도 못 가잖아?"

"집에서 드리지?"

"예……."

아빠가 찬송가 <저 들 밖에 한밤중에>를 읊조리셨습니다.

♪ 저 들 밖에 한밤중에 양 틈에 자던 목자들

천사들이 전하여 준 주 나신 소식 들었네 ♬

아빠를 따라 나도 작은 소리로 찬송을 했습니다.

목이 메어 소리가 나오진 않았습니다.

아빠는 성경을 읽으셨습니다.

● 박사들이 돌아간 뒤에, 주님의 천사가 꿈에 요셉에게 나타나서 말하였다.

"헤롯이 아기를 찾아서 죽이려 하니, 일어나서 아기와 그 어머니를 데리고 이집트로 피신하여라. 그리고 내가 너에게 말해 줄 때까지 거기에 있어라."●

아빠는 성경을 읽고 내 손을 잡고 기도를 하셨습니다.

아빠의 목소리는 젖어있었고 내 손을 잡은 손을 떨고 있었습니다.

"아빠 이상한 게 있어요?"

"뭐가?"

"구세주가 나셨는데 왜 아기들을 다 죽여요?"

"……?"

"왜 아기 예수만 피난을 가고 죄 없는 아이들이 이유도 모르고 죽어야 했나요? 죽으면 다 같이 죽고 살아도 다 같이 살아야 하는 것 아닌가요? 피난을 가도 다 같이 가든지. 이해가 안 되잖아요"

내 이야기를 듣던 아빠가 조용히 입을 여셨습니다.

"아빠가 너만 했을 때 주일 학교에 가니까 예수 탄생을 성극으로 보여주더라. 그때는 성탄절이 아주 최고의 명절이었지. 과자 봉투도 선물도 주고 연극도 하고. 성탄 연극을 보면서 너처럼 의문이 생겼다. 그래서 집에 와서 어머니한테 물었어. '어머니 참 이상해요. 구세주가 나셨는데 왜 죄 없는 어린 아이들을 죽여요. 영문도 모르고 아이들을 죽이니 부모가 얼마나 슬펐겠어요.'라고 하니까 '니는 성경을 그냥 믿지 왜 깐죽거리냐' 며 어머니가 꾸지람하시더라."

"저도 그래요."

"아빠가 나이가 들면서 이런저런 일을 겪다 보니까 '위대한 역사가 이루어지려면 위대한 희생이 따르는구나!' 하는 깨달음이 오더라.

하느님은 이 세상을 구원하시기 위해 당신의 아들을 세상에 보내셔서 인류의 죄를 대신 짊어지게 하셨잖니? 아들을 죽이기 위해 보내시면서 하느님 마음이 얼마나 아프셨겠니?

예닮아, 우리도 많이 힘들지만 힘내자. 아마 하느님은 엄마가 세상에서 더 많이 아프지 말라고 하늘나라로 데려가신 것 같다. 잘 견디어내자. 엄마도 우리가 많이 슬퍼하는 걸 원하지 않으실 거야."

나는 아빠 말씀이 잘 이해가 되진 않았지만, 가만히 고개를 끄떡였습니다.

하느님은 실수를 안 하시는 분임을 믿고 싶었습니다.

여전히 창밖에는 눈이 내리고 있습니다.

온 세상이 눈 나라가 된 것 같습니다.

동네 아이들이 공원으로 몰려나왔습니다. 어느새 커다란 눈사람이 서 있었습니다. 커다란 눈사람이 삐딱하게 서서 우리 집을 쳐다보고 있습니다.

"저 눈사람 넘어질 것 같네."

아빠가 말했습니다.

남친 태경이도 아이들과 공원 옆 언덕길에서 신나게 눈썰매를 타고 있었습니다.

우리 엄마가 죽었는데도 세상은 하나도 안 변한 것 같습니다.

"엄마, 나 아빠랑 씩씩하게 잘 지낼게. 하늘나라에서 지켜

봐 줘. 엄마 안녕!"

앞산 하늘을 보며 엄마한테 말했습니다.

나도 모르게 눈물이 볼을 타고 흘러내렸습니다.

아빠가 내 손을 꼭 잡아 주셨습니다.

우리 동네 솔안골

"안녕하세요?"

"일찍 나오셨네요."

"건강은 어떠세요?"

새소리에 잠이 깬 동네 할머니들

약속도 없이 공원에 나와 도란도란 이야기를 나누신다.

봄이면 매화 향기 가득한 곳

개울가 웅덩이에선 도룡뇽이 알을 낳는다.

"도룡뇽이 알을 낳았구나!"

'오랫동안 같이 살자.'

마음으로 응원해 주는 솔안골 사람들

아카시아꽃 흐드러지게 피면 거마산 뻐꾸기 울고
연화원 연못안 개구리는 밤늦도록 자장가를 부른다.
이른 아침 살포시 피어난 연꽃 수줍은 미소를 짓는다

또르르 또르르 풀벌레 울고
후드득 후드득 알밤 떨어지는 참 듣기 좋은 소리
다람쥐 청솔모 겨우살이 준비 바쁘다

밤사이 사그락 사그락 눈이 쌓이고
동네 꼬마들 신나는 썰매타기, 눈사람 만들기
봄 여름 가을 겨울 돌아가는 솔안골
코로나19도 피해가는 우리 동네 피난골

이나네 집 1 외

변향숙

환갑을 맞은 엄마에게 물었다.

“엄마는 무슨 재미로 살아?” “재미는 무슨, 그냥 사는 거지.”

육십이 넘으면 인생이 그저 그럴 거라 생각했다. 그런데 그게 아니었다. 환갑이 되자 잊었던 꿈이 스멀스멀 되살아났다.

다시 꿈! 들판에 꽃과 나무와 건강한 먹거리를 심어 아이들과 걸판 지게 놀고 있는 나는 모네정원의 정원지기다.

이나네 집 1

"이나야, 할아버지, 할머니한테 전화할까?"

"어."

"잠깐만. 우리 얼굴 좀 보고, 이쁜가 안 이쁜가."

거울 속, 피곤에 지친 모녀 얼굴이 나타났습니다.

머리와 옷매무새를 고치고 입술에 침까지 바른 후, 핸드폰의 버튼을 누릅니다.

뚜우 신호음이 울리자마자

"하림이냐? 이나 에미냐?"

엄마의 목소리가 들립니다.

"여보세요."

"아이구, 그래 엄마야. 잘 도착했어? 이나는? 괜찮아? 아프진 않고?"

엄마는 대답할 시간도 없이 질문을 쏟아냅니다.

"웅서방은 만났어? 못 만났어? 왜? 나오지 않은 거야?"

"엄마, 대답할 시간을 줘."

말로는 엄마에게 지청구를 하지만 가슴은 먹먹하고 두 눈에선 눈물이 하염없이 흐릅니다.

이나와 나는 1시간 반이면 도착할 짧은 거리를, 긴 시간을 돌아 물 설고 말 설은 남경에 도착했습니다.

생각하면 8개월이란 시간은 억만년 같은 날들이었습니다.

그날.

2020년 1월 26일, 설 명절을 맞아 우리 가족은 '내 나라 대한민국'에 도착했습니다.

중국 사위와 딸이 눈에 넣어도 아프지 않을 손녀를 안고 친정집에 들어선 순간, 집안의 모든 불이 켜지고 온 가족과 친지들이 환영을 했습니다.

"오느라 힘들었지?"

"아이구, 이렇게 많이 컸나?"

"중국은 어때? 상해는 좋아?"

"웅서방이 잘해 주냐?"

밤늦도록 넘치는 음식과 말, 말, 말….

뼛속까지 그리운 친정이었습니다.

그리고

2020년 1월 27일, 아침 뉴스에 우환의 코로나19 이야기가 나오기 시작했습니다.

발열이 있는지, 기침을 하는지, 강제 격리, 자가 격리, 감염율, 치사율…….

'우얄꼬?'

우리는 코로나19가 성성한 중국에서 왔는데, 온 가족, 친지랑 얼싸안고 인사도 나누고 밤늦도록 음식도 나누었는데.'

뉴스가 끝나고 긴 침묵이 이어졌습니다.

언제나 씩씩한 엄마가 벌떡 일어나면서 큰소리로 외쳤습니다

"야 니네들 열 없지? 기침도 안 나지? 그럼 됐어. 밥 먹자"

그건 엄마가 엄마에게 거는 최면이고 가족들 모두에게 전하는 위안의 말이었습니다.

그 시간부터였습니다.

체온계는 거실 테이블에 떠억 하니 자리를 잡았고 하루 종일 쉴 틈 없이 가족들의 귀와 귀를 넘나들었습니다.

혹시 누군가 기침이라도 하는 날이면 그건 공포였습니다.

남편과 우리 가족은 죄인 아닌 죄인이 되어버렸습니다.

한국에 가면, 알콩달콩했던 우리들의 데이트 장소를 딸 이나와 함께 둘러보자던 계획은 물거품이 되었고 '자가 격리'란 말로 친정 식구는 물론 환영 잔치에 참석했던 온 친지들의 손발이 묶였습니다.

사촌들은 직장에 갈 수 없었고 조카들도 어린이집에 갈 수 없었습니다.

자가 격리 14일!

우리는 TV도 볼 수 없었고 잠을 자면 악몽의 연속이었습니다.

시간이 지날수록 숨도 쉬기가 어려웠습니다.

확진자의 신변이 공개되고 감염 경로가 밝혀질 때마다 우리 이야기인양 거침없는 공포로 다가왔습니다.

공황 장애!

남편과 나는, 아니 우리 가족 모두는 살아있으나 죽은 것 같은 날들 속에서 살아야 했습니다.

자가 격리 끝나는 14일째, 온 가족과 친지들이 얼싸 않았습니다

"애썼다."

"미안했어"

"뭘, 가족인데"

코로나19가 종횡무진 세계를 흔드는데 자가 격리, 재택근무를 이어가며 한국에 머물던 남편이 혼자 우리의 생활 터전인 중국으로 돌아갔습니다.

코로나19가 잦아들면 돌아오라는 남편과 친정 부모님의 권고에 이나와 나는 한국에 남아야 했습니다.

어떻게 알았겠습니까?

그게 지옥보다 더한 '생이별 8개월'이 될지…….

중국으로 돌아간 남편은 코로나19와 한국에 두고 온 가족으로 인해 불안과 외로움에 젖어 살아야 했고 한국에 남은 이나와 나는 중국에서 홀로 견디고 있는 가장에 대한 안쓰러움과 그리움으로 하루를 백일처럼 살아야했습니다.

이제나 저제나 코로나19가 잦아들기를 기다리며 시간을 죽이는 8개월 동안 강보에 쌓였던 아기는 아장아장 걷는 아이로 자라났습니다.

태어나서 3살까지, 자식이 줄 수 있는 기쁨을 다 한다는데 그 귀한 모습을 남편은 절대 볼 수가 없었습니다

사이버 가족, 사이버 부부, 사이버 부녀!

우리는 핸드폰을 통해 만나는 사이버 가족이 되었습니다.

"기침 안 하지?"

"열 안 나지?"

"건강해야 해. 뭐든지 먹고 잘 견뎌."

"보고 싶어."

"사랑해."

8개월 동안 남편과 주고 받을 수 있었던 안부입니다.

그 외의 단어는 아무런 의미도 없었던 시간이었습니다.

긴 암흑이 이어졌습니다.

비자가 열렸다는 한인회 소식에 만사를 제치고 중국 비자 발급 센터로 달려 나갔습니다.

가족 비자!

그리도 기다리던 비자를 손에 쥐자 세상을 다 얻은 것 같았

습니다.

30만원에 불과했던 항공 티켓이 400만원인들 뭣이 문제겠습니까?

내 집이 아닌 낯선 도시로 가야 하는 게 무슨 문제겠습니까?

가족이 하나 될 수 있다는 것만으로도 꿈길인 것을…….

이나와 나는 코로나 핵산 검사를 하고 남편의 나라, 나의 생활 터전인 중국을 향해 하늘 길에 올랐습니다.

'내 전부, 나의 모든 것이 있는 곳'으로 이제야 다시 돌아갑니다.

기지도 못하던 이나는 이제 걸어서 아빠를 만나러 갑니다.

인생에서 정신적으로 가장 힘들었지만 그래도 열심히 멘탈 부여잡고 최대한 밝게 버텼습니다.

이제 '남편테라피' 받으러 출발합니다. 고마웠던 기억도 한가득! 고마워요 다들. 특히 엄마, 아빠, 오빠.'

비행 중 잠든 이나를 바라보며 만감이 교차했습니다.

그리고 낯선 땅 남경에 도착했습니다.

2주간 격리될 것을 염려하며 준비한 이나의 우유에서부터

기저귀, 구급약까지 담긴 커다란 가방 3개는 수많은 검사와 확인을 해야 하는 다섯 시간을 지옥으로 만들기에 충분했습니다. 연일 계속되는 코로나 핵산 검사로 코는 너덜너덜해졌지만 그건 남편을 만나게 해주는 고마운 징검다리에 지나지 않았습니다.

모든 검사를 끝내고 공항 게이트를 나오는데 저 멀리, 8차선 도로 건너편에서 누군가의 외침이 들려왔습니다.

바라보니 그건 내 사랑하는 남편이 있는 힘을 다해 내뿜는 절규였습니다.

"하림!"

"하림!"

"하림!"

"이나야, 아빠 여기 있어. 걱정마. 다 잘될 거야."

남편의 모습이 흔들렸습니다.

아니 내 눈의 물기가 남편을 흔들었습니다.

이나와 나는 공안원의 손에 이끌려 버스에 올라야 했습니다.

'찰나'

그건 바로 '찰나의 만남'이었습니다.

다시 두 시간여를 버스를 타고 달렸습니다.

핸드폰이 울렸습니다.

"지금 내가 너희들이 타고 가는 버스를 따라 가고 있다. 걱정마라."는 남편의 말!

그리고 지금 나는 남편 나라, 낯선 호텔에 구금되어 있습니다.

긴 시간을 돌아 이곳에 왔습니다.

지금 내가 겪는 격리는 구금이 아니라 내 가족이 건너야 할 행복의 징검다리입니다.

14일이 지나면 이나에겐 사이버 아빠가 다가오고 나에겐 사이버 남편이 다가올 것입니다.

물도 말도 낯선 이곳, 생전 처음 보는 남경의 호텔에 이나와 내가 누웠습니다.

"엄마, 잘 도착했어. 이나도 괜찮고 근데 내가 허리가 너무 아파."

"이나도 무겁고 가방들이 너무 무거웠어."

"아무도 안 도와줬어."

"팔도 아프고 허리는 더 아파. 코도 아주 너덜너덜해."

"웅서방이 나왔는데 만날 수 없었고 멀리서 보기만 했어.

이 호텔 근처 어디서 자고 내일 필요한 물건 넣어준대."

참 이상합니다.

무소의 뿔처럼 용감하게 나아온 시간들은 한 순간에 사라지고 아직 어린아이인양 투정과 투정이 길게 늘어집니다.

나도 엄만데, 엄마의 전화 한 통에 모든 피로가 녹아내립니다.

불안했던 하루가 눈꺼풀로 몰려듭니다.

"엄마, 나 잘 거야. 내일 통화해."

그렇게 코로나 19와 나와의 전쟁이 막을 내리기 시작했습니다.

치열하고 처절했던 코로나 19 전쟁의 인터미션.

아직 코로나19를 정복한 것은 아니지만 백신이 나올 것을 확신하기에

우리가족은 일상으로 돌아왔습니다.

열심히 마스크 쓰고 열심히 손 닦고 사회적 거리 유지하면서.

"이나야, 아빠 코 어딨어?"

"이나야, 아빠 사랑해?"

"이나야, 엄마 찾아봐."

휴일 아침,

거실에 쏟아지는 햇살 아래서 끝도 없이 이어지는 부녀간의 소리가 화음을 더합니다.

나의 지나간 8개월!

기인 악몽의 시간들!

꿈이었을까?

진정 꿈이었을까?

이나네집 2

그녀들이 온다.

하림과 이나. 내 생명을 내주어도 좋을 아내와 딸이다.

지나간 8개월은 억겁의 시간이었다.

하림과 이나는 한국에서, 나는 중국에서 그립고 불안한 날들로 채웠다.

남경 공항의 운항 스케줄에 한국에서 오는 아시아나 비행기 착륙이 표시 됐다.

'감사합니다.'

누구에게라도 전하고 싶은 내 마음이다. 뜬금없는 한국말에 옆 사람의 눈길을 만났다. 아무렴 어떠랴. 감사하고 또 감사한 것을…….

나의 전부, 나의 모든 것을 담고 있는 아내와 딸이 도착했다.

그녀들이 없는 집은 건축물에 불과했다. 늦은 밤, 직장에서 돌아와 캄캄한 현관을 들어설 때마다 나는 절망했다.

비닐봉투에 담긴 저녁밥이 나의 목을 옥죄었고 식탁 위의 물이 그나마 식도를 넓혀줬다.

외로움이 가득 찬 집에서 하림에게 전화를 걸었다.

“하림, 오늘은 어땠어? 컨디션 괜찮아? 열은 없지? 기침도 없지?”

“나도 괜찮아. 밥? 먹었지. 그냥 집 앞에서 사왔어. 그냥 먹었지 뭐.”

핸드폰에 쉬지 않고 말을 쏟아 부었다.

“여보, 좋은 거로 먹어. 비싼 거로 먹어. 잘 먹어야 해. 그래야 건강을 지킬 수 있어. 우리가 갈 때까지 건강해야 해. 알았지?”

“이나랑 내 걱정은 마, 엄마랑 아빠, 오빠가 잘 챙겨주니까.”

“여보, 사랑해, 보고 싶어” 핸드폰을 통해 전해오는 하림의 말, 말, 말…….

우리는 지난 8개월 내내 같은 말을 되뇌었었다.

동영상을 통해 전해오는 이나의 변화에 가슴이 먹먹했다.

어느새 기어 다니기 시작했고 이유식도 먹고 까꿍 하면 까르르 웃기 시작했다.

코코코코 눈, 코코코코 입, 코코코코 귀, 코코코코 손.

작은 손가락으로 정확히 집어대는 모습은 가히 천재에 버금갔다.

단풍잎처럼 작은 손으로 짝짝꿍을 할 때면 나의 외로움 따위는 흔적도 없이 사라졌다.

그런데 나는 이나를 안을 수 없다. 만질 수 없다.

우리는 사이버 부부, 사이버 부녀다. 핸드폰의 버튼이 눌리면 사라지는 가족이다.

그들이 사라지면 온 집안의 불을 밝혀도 내 마음은 어둠으로 달려간다.

코로나19로 인해 부지불식간에 만난 우리 가족의 생이별!

8개월 전의 일들이 주마등처럼 스쳐 지나간다.

구정을 맞아 방문한 한국의 처갓집에선 온 가족과 친지들

이 모여 환영을 해 주었다. 집안의

모든 불을 밝히고 상다리가 휘어지게 음식이 차려졌다.

우리는 처갓집의 하나밖에 없는 딸이고 사위고 손녀였기에 만날 수 있는 환대였다.

그리고 다음날, 아침 뉴스를 보면서 가족들의 얼굴이 변해갔다.

반쯤 알아듣는 한국어로 사태를 파악했다.

'코로나19가 중국 우환에서 발생했고 전염력이 높다. 위험하다. 증상은 발열, 기침이다.'

긴 침묵이 흘렀다.

얼마 후, 장모님의 힘찬 말씀이 침묵을 깼다.

"야 너희들 열 안 나지? 기침도 않지? 그럼 됐어. 밥 먹자."

그렇게 우리는 코로나19를 만났다.

코로나19의 발생지인 중국에서 온 우리는 한순간에 죄인으로 전락했다. 괜히 왔나 싶었다. 내 나라 중국으로 돌아가고 싶었지만 돌아갈 수도 없었다.

연일 코로나19의 상황은 악화되었고 나는 처갓집 가족과 친지들 뵙기가 점점 더 송구스러워졌다. 가족과 친지들은 자의반 타의반으로 자가격리에 들어갔다.

피할 수 없는 암흑이 나를 감싸며 돌았지만 이나의 재롱으로 순간 순간의 기쁨이 이어졌다.

한국의 말 중에 이런 말이 있다. '꽃 중의 꽃은 인꽃.'

답답하고 불안한 집안에 인 꽃이 피었다.

장인어른과 장모님과 처남, 친지들은 이나의 자라나는 모습에 눈과 귀를 붙이고 살았다.

날이 어두워지기 시작했지만 아내와 딸의 모습은 보이지 않는다.

수많은 검사와 확인이 그들을 잡아두고 있는가보다.

최소의 짐으로 오라고 부탁했지만 어차피 내 부탁이 들어지지 않았을 것을 안다. 2주 동안의 격리를 당해야하니 이나의 먹거리와 기저귀, 구급약, 옷, 장난감만 해도 한 가방일 게다.

남부럽지 않은 이나의 체중 또한 하림에겐 큰 어려움일터인데 속이 탄다. 하림이 당면하고 있을 어려움이 내 가슴을 조여 온다.

제발, 누군가의 도움이 그들에게 닿기를 바래보며 장모님의 말씀을 생각한다.

‘진정한 사랑은, 니 옆에 있는 사람을 안아 들이는 것이여. 그 모습이 시공간을 넘어 니 사랑에 연결될 때 사랑은 완성되는겨.’

‘뭔 말이래?’ 했는데 이제야 절절히 다가온다. ‘그게 그 말씀이셨구나.’

내가 이웃에게 전했던 사랑이 하림과 이나에게 닿았기를 간절히 바라며 다섯 시간이 흘렀다.

그리고 마침내 하림과 이나의 모습이 시야에 들어왔다.

그러나 우리는 만날 수도, 가까이 갈 수도 없다.

길 건너에서 그저 바라볼 수밖에 없다.

초췌해진 하림과 이나를 향해 영혼을 담아 소리를 질렀다.

“하림!”

“하림!”

“하림!”

“이나야. 아빠 여기 있어. 걱정마. 다 잘 될 거야.‘

목이 터져라 소리를 질렀다.

길 건너의 하림이 나를 발견하고 손을 흔들었다.

그러나 그것도 잠시, 하림과 이나는 공안원의 손에 이끌려 버스에 올랐다. 두려움과 안도감으로 온몸을 떨었을 하림이 안스러워 나의 몸과 마음도 떨리기 시작했다.

이나와 하림이 탄 버스가 흔들렸다.

아니다. 내 눈에 맺힌 눈물이 버스를 흔들었다.

버스가 시동을 걸었다. 나도 차에 시동을 걸었다.

그들이 가는 곳이 어딘지 알아야 했다.

핸드폰을 열었다.

"하림, 잘 왔어. 힘들었지? 지금 내가 너희들이 탄 버스를 따라가고 있어. 걱정 말고 그들이 하라는 대로 해."

"알았어. 사랑해."

버스가 달리고 내가 버스 따라잡기를 두 시간여.

한적하고 후미진 호텔 앞에서 버스가 멈췄다.

하림과 이나가 공안원에 이끌려 호텔로 들어가는게 보였다.

나는 눈사람처럼 그 자리에 그대로 멈췄다.

지나가는 사람들의 시선에 아랑곳하지 않았다.

한참의 시간이 지난 후, 하림에게서 연락이 왔다.

"나 1층 객실, 이나랑 나도 괜찮아. 우리 객실 창밖의 모습이야. 찾아봐."

"알았어. 나는 이 호텔 주변에서 묵을 거야. 내가 내일 아침 찾아 갈게. 필요한 물품이 뭔지 알려줘."

8개월만이었다.

아내와 딸을 멀리서나마 볼 수 있었던게…….

오늘 하루가 억겁의 시간이었다.

온 몸은 물에 젖은 솜처럼 무겁고 피곤하나 잠을 이룰 수가 없다.

꿈을 꿨다.

하림과 이나와 만나는 꿈, 하림과 이나를 만나지 못하는 꿈이 교차하며 나의 밤을 채웠다

아침이다.

하림이 부탁한 물건들을 사서 호텔 카운터에 맡기고 감금된 하림과 이나를 찾아 나섰다. 어제 하림이 보내준 사진, 창 앞에 있었던 나무를 찾아서 호텔 정원을 돌았다. 약간 후미진 곳에 하얀 창이 있고 그 앞에 사진에서 보았던 나무가 있었다. 전화를 했다.

"나야, 나 지금 너희들의 창문 앞에 있어."

창문이 열리고 하림과 이나가 나타났다. 아무런 말도 할 수가 없다. 단지 바라만 볼뿐…….

하림과 이나는 길 건너 호텔 방 안에, 나는 길가 가로수 밑에…….

이나와 하림이 흔들린다. 흐려진다. 나는 잡티가 들어간 냥 눈을 비비나 서툰 연기에 하림이 웃는다. 하림이 운다. 코로나 19가 안겨준 이상한 해후!

엄마와 아빠의 뻘 짓에 이나가 손을 머리 위에 올리며 '워 아이니'를 한다.

나도 따라 "워 아이니"를 했다.

강제격리 14일이 지났다.

14일 동안 이나와 하림이 겪었을 고통이 나에겐 배가 되어 돌아왔지만 그 고통 따위는 같은 하늘에서 숨을 쉰다는 사실과 곧 만날 수 있다는 희망에 비하면 단지 티끌일 뿐이었다.

8개월이란 시간을 불안과 외로움으로 살았기에 감내할 수 있는 고통이었다.

어젯밤, 나는 남경에 왔다.

내 생명을 내 놓아도 아깝지 않을 가족과 만나기 위해…….

밤새 꿈을 꾸었다. 가족과 만나는 꿈, 가족과 못 만나는 꿈!

그리고 맞은 아침,

고장난 시계인양 느릿느릿 시간이 흐르고 있다.

오전 열시, 드디어 하림과 이나를 만났다.

우린 아무런 말도 할 수가 없었다. 어쩌면 말을 잊었는지도…….

그저 셋이 부둥켜 안았을뿐…….

세상이 멈췄다.

얼마의 시간이 흘렀을까?

이나가 답답하다며 버둥거리기 시작했다.

그제서야 우리는 말을 할 수 있었다.

나는 "워 아이니." 하림은 "사랑해." 단지 한마디, 그거면 충분했다

8개월간의 악몽은 단 한마디로 막을 내렸다.

이제 사이버 가족은 없다.

우리는 같은 하늘, 같은 집, 같은 침대, 같은 밥을 먹으며 산다.

"이나야, 아빠 깨워." 아내의 목소리가 들린다.

통통통통 이나의 서툰 발소리가 들리고 이나가 침대로 기어오른다.

“아빠” 하고 부르며 작은 손가락으로 내 눈을 찌른다.

낯익은 냄새, 밥 냄새다. 주방에서 달그락 거리는 소리가 들린다.

내 아내, 하림이 돌아왔다.

“여보, 일어나. 오늘 이나 데리고 ‘졸정원’ 가기로 했잖아.”

아내의 달콤한 잔소리에 이불을 젖히고 일어났다.

“워 아이니.”

이나네 집 3

노란 버스가 왔다.
재깔재깔 아이들이 하나 둘 셋.
어? 없다.
아이들 얼굴에 입이 없다.
아이들 얼굴에 코도 없다.

노란 민들레꽃 사이로
아이들 웃음소리가 피어났다.
도시락을 꺼내는 아이들.
어? 있다.
아이들 얼굴에 입이 있다.
아이들 얼굴에 코도 있다.

"여러분, 가까이 앉으면 돼요? 안 돼요?"

"안 돼요."

"도시락 나눠 먹으면 돼요? 안 돼요?"

"안 돼요."

선생님과 아이들의 짧고도 아픈 대화.

코로나19 마스크?

사회적 거리?

그러거나 말거나 아이들은 소풍.

| 동시 |

겨울꽃

꽃받침만 남았다.

괜찮아.
난
네 찬란했던 날들을 기억해.

| 동시 |

썩 물렀거라

일상이 평화롭던 날,
코로나19라는 녀석이
달려들며 소리를 질러 쌓는디….
"입도 가려라
코도 가려라
멀리 떨어져라
마음도 닫아라"

오메,
시방 이기 뭔 일이당가?
벌건 대낮에
과학이 하느님 상투를 잡아챌 판이라는디….
코로나19의 휜소리에
시상 천지가 썰썰 기다니?
꿈인 겨?
생신 겨?

자연이 탈이나 그리됐다는디….
쓰레기 조금 더 만들었을 뿐
주방세재 조금 더 썼을 뿐
폐유 몇 방울 시냇물에 흘렸을 뿐이라며
나 땜시 그리된 건 절대 아니라는디….
그럼 우짜?
넘의 탓이라 넘기고
코로나19를 신주단지처럼 모셔?
그런 겨?

첨부터 다시 시작 허는 겨
작은 꽃 한포기 심고
쓰레기 한 조각 줍고
내 탓이라 여기고 조심조심
그라고 천둥, 벼락 맹키로 소리 지르는 겨
"코로나19, 썩 물렀거라."

모래알은 반짝 외

신경혜

아홉 살과 열두 살 남매를 키우고 있습니다. 동화를 쓰면서, 어른은 다시 돌아갈 수 없는 그 세계를 더듬어 보는 것이 얼마나 어려운지 새삼 느낍니다. 그렇지만 아이의 눈으로 세상을 보며 그들의 마음을 아주 조금 더 헤아리게 되었습니다.

앞으로도 호기심 가득한 눈으로 날마다 새로운 세상을 만나고 싶습니다.

모래알은 반짝

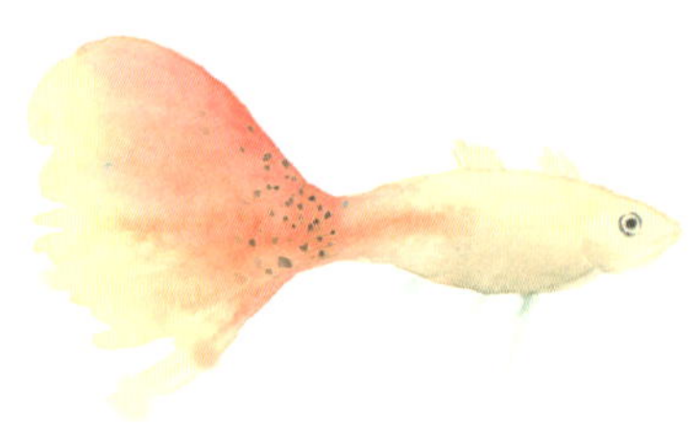

"쿵쿵 걷지 말고! 살살!"

엄마가 요즘 제일 자주 하는 말이다. 코로나19로 하루 종일 집에서만 지내니까 모두 예민하다며 조심하라고 한다. 아랫집에서 몇 번 올라와서 싫은 소리를 했던 터라 엄마는 신경이 더 곤두서있다. "탭 꺼! 게임 하지 마."

이건 엄마가 두 번째로 많이 하는 말이다.

아 참! 이 말도 있었지.

"책 좀 읽어!"

엄마는 나를 따라다니면서 잔소리를 한다. 내가 로봇도 아닌데 어떻게 집콕하면서 공부만 하라는 건지 모르겠다.

뉴스에선 코로나블루라며 우울하고 힘든 사람이 많다고 했다. 엄마도 짜증을 많이 낸다. 아빠가 하는 여행사가 잘 안 돼서 더 그런 것 같다. 그런데 어른들만큼 우리도 속상하고 답답하다. 학교도 못 가고, 친구도 못 만나서 속상한데 어른들 눈엔 그게 보이지 않나 보다. 친구들이랑 만나서 떡볶이도 먹고 수다도 떨고 싶다. 그런데 더 속상한 건 만날 친구도 없다는 거다.

지난 1월에 이곳으로 이사를 오자마자 때마침 코로나가 시작되었다. 그 후로 일 년 내내 학교에 간 날이 손에 꼽을 정도다. 그래서 친구도 하나 사귀지 못했고 원격 수업에서도 나는 완전히 유령 같은 존재였다. 거기 있긴 있는데 없는 것 같은 친구 말이다. 가끔 예전 학교 친구들이 만나자고 연락이 왔지만 엄마 때문에 갈 수 없었다.

"엄마, 친구들이 파자마 파티한대. 나도 가고 싶어."

"이 시국에 무슨 파자마 파티야?"

"너 오늘 할 거 다 했어? 문제집은 풀었고?"

"……."

"요즘 학교도 거의 못 가니까 알아서 공부해야지. 학업 격차가 엄청 심하다잖아!"

또 시작되는 엄마 잔소리에 나는 방문을 닫아버렸다.

"엄마 말하는데 이게 무슨 버릇이야! 너 정말!"

온종일 함께 있으니 엄마와 사사건건 부딪치는 일이 많았다. 엄마는 코로나가 내 사춘기를 확 당겨놨다고 했다. 내가 보기엔 나만 사춘기가 온 건 아닌 것 같은데…….엄마도 사십춘기가 온 게 틀림없다. 코로나는 열한 살 여자아이에게 정말 최악의 벌이었다.

그런데 얼마 후 나에게 조금 특별한 친구들이 생겼다. 그건 바로 열대어다. 우리 마음을 어떻게 알았는지 선생님은 반 아이들을 위해 구피를 준비했다. 학교에 자주 안 오니 활동비가 남았다며, 겨울 방학이 시작되기 전 등교 수업에서 나눠 주었다. 친구들 모두 보물이라도 받은 듯 신이 났다.

나는 구피들을 보자마자 단번에 이름이 떠올랐다. 작은 구피는 꼬리가 화려한 오렌지빛에 까만 점이 박혀있었다. 그보다 조금 큰 건 쉴 새 없이 이리저리 움직이는 활발한 녀석이었다. 그래서 오렌지와 꼬물이라고 이름 지어 주었다. 당장에 먹이를 사고, 작은 어항도 사서 예전에 주웠던 조개껍데

기도 넣어주었다. 그날부터 나의 구피 사랑이 시작되었다.

"우리 꼬물이 배고파? 엄마가 밥 줄게. 오구오구 잘 먹네. 오렌지, 너도 좀 많이 먹어. 왜 이렇게 안 먹니? 잘 먹어야 쑥쑥 크지. 잠깐 있어 봐. 사진도 찍어 줄게."

나는 휴대전화로 사진을 찍어 배경화면에 설정하고 톡 프로필 사진에도 올렸다.

“그렇게 좋아?”

엄마가 다가와 말했다.

“응 너무너무 좋아. 그런데 엄마, 얘네들이 나를 알아보는 것 같아.”

“설마.”

“진짜야! 봐봐 내가 가까이 가면 강아지처럼 꼬리를 흔들면서 오잖아.”

“그건 먹이를 주니까 그런 거지.”

“아, 그런가?”

“근데 온종일 이렇게 쳐다보면 어항 다 닳겠다.”

“물멍이야! 히히.”

“물멍?”

“응, 캠핑 가면 장작불 보면서 멍하게 있는 걸 불멍이라고 하잖아.”

“정말 물멍이네. 가만히 보고 있으면 시간 가는 줄 모르겠다.”

어항 유리에 엄마와 내 웃는 얼굴이 투명하게 비쳤다. 작은 물고기 두 마리가 생겼을 뿐인데 우리 집에 생기가 도는 것 같았다. 그날부터 오렌지와 꼬물이가 내 마음속을 가득 채우며 간질간질 헤엄을 쳤다.

그런데 얼마 지나지 않아 오렌지가 좀 이상했다. 오렌지는 며칠째 먹이도 잘 안 먹고, 거의 움직이지 않았다. 나는 조금 신경 쓰였지만 대수롭지 않게 생각했다.

얼마 후 어항 앞에 다시 섰을 때 나는 그만 얼어 붙어버렸다. 수면 위에 오렌지의 하얀 배가 떠올라 있었다.

"엄마, 오렌지가, 오렌지가 안 움직여."

내가 울먹이며 말했다.

눈에서 빗방울 같은 게 뚝 떨어졌다. 엄마가 다가오자 빗방울은 소나기가 되었다.

"어어어엄마, 어어엉."

엄마는 말없이 나를 안아 주었다.

다음날 나는 오렌지를 아파트 1층 화단에 묻어 주었다. 그리고 돌멩이 서너 개를 주워 올려 두었다. 그 위에 하얀 눈이 하나둘 떨어지고 있었다.

예전엔 엄마에게 강아지랑 고양이를 키우자고 졸랐는데 이제 아무것도 못 키울 것 같다. 엄마가 구피를 새로 사주겠다고 했지만 그건 오렌지가 아니었다. 물속에서 건져 올린 작은 오렌지를 나는 아직도 잊을 수 없다. 움직이지 않고 굳어있는 모습이 아직도 내 가슴에 얼음처럼 남아서 녹지 않고 그대로 있다.

일 년 내내 방학같이 지냈더니 겨울 방학이 더 지루하고 심심하다.

'봄이 오고 있긴 한 걸까?'

턱을 괴고 창밖을 내다보다가 어항 쪽으로 눈을 돌렸다. 요즘은 물멍 시간도 줄었다. 볼 때마다 오렌지 생각이 나서 일부러 눈길을 안 주었던 것 같다. 어항에 덩그러니 혼자 남은 꼬물이가 나처럼 외로워 보였다. 그런데 한참을 보니 꼬물이가 살이 좀 찐 것 같기도 했다. 혼자 사료를 다 먹어서 그런가 하고 생각했다. 그런데 다음날 먹이를 주려고 했을 때 나는 깜짝 놀라고 말았다.

"꼬물아, 미안! 밥 주는 걸 깜빡했네. 어? 이게 뭐지?"

그때 투명하고 작은 무언가가 어항 속에서 꼬물꼬물 움직였다. 내가 잘못 본 건가 싶어 눈을 꾹 감았다가 다시 크게 떴다. 앞쪽에 검은 점이 두 개씩 붙어 있는 거로 봐서 그건 구피 새끼들이었다.

"꺄!"

나는 소리를 질렀다. 하마터면 먹이통을 다 쏟을 뻔했다.

"엄마, 꼬물이가 새끼를 낳았나 봐."

"어? 무슨 소리야? 꼬물이가 어떻게 새끼를 낳아?"

설거지하던 엄마가 이쪽으로 돌아보며 말했다.

"나도 모르겠어. 이것 봐."

"와! 세상에! 정말이네."

엄마 눈이 동그래졌다.

"하나, 둘, 셋, 넷, 다섯……. 열! 열 마리나 낳았어."

나는 손으로 하나씩 세어보았다.

"근데 혼자서 어떻게 낳았지?"

"엄마, 오렌지가 선물을 주고 갔나 봐. 꼬물이가 외롭지 않게!"

어제까지만 해도 꼬물이 혼자였는데, 어느새 어항 가득 새로운 생명들이 움직이는 걸 보니 정말 신기했다. 다 끝이라고 생각했는데, 난 절망에 빠져 꼬물이를 잘 보살피지도 않았는데 작은 몸 안에서 새로운 생명을 키우고 있었다니! 혼자서 묵묵히 기다리고 새끼를 낳은 꼬물이가 너무 기특하고 고마웠다. 그리고 오렌지는 없지만 새끼들을 통해 오렌지가 느껴졌다. 기적이란 건 책이나 드라마에만 나오는 건 줄 알았다. 그런데 그날 우리에게도 작은 기적이 찾아온 것이다.

오렌지를 묻었던 아파트 화단에 목련이 자줏빛 폭죽처럼 꽃망울을 터트렸다. 이제 오렌지의 새끼들도 꽤 많이 컸다. 어느새 작은 어항이 구피 대가족들로 북적였다.

나는 드디어 개학해서 학교에 가기 시작했다. 요즘은 등교 수업이 조금 늘어나 학교에 가는 날이 작년보다 많아졌다. 거리 두기 때문에 짝도 없이 혼자 앉아야 하고 칸막이에 서로 가로막혀 있지만 학교에 오니 좋았다. 그리고 친구도 조금 생겼다.

친해진 친구들과 가끔 화상 앱으로 모여 파자마 파티를 한다. 친구들과 밤늦게까지 아이돌 노래도 같이 듣고 게임도 하면서 폭풍 수다를 떤다. 이렇게 컴퓨터 화면 너머로 얼굴을 보며 노는 것도 나름 재미있다.

코로나 때문에 힘들었지만 그래도 나쁜 일만 있었던 건 아니었다. 가만히 생각해 보면 그 안에 모래알처럼 작고 예쁜 기억들도 반짝인다. 친구도 사귀고 구피 가족도 생겼다. 아빠도 새로운 일을 시작하셨다.

오늘 아침엔 친구랑 학교에 같이 가기로 했다. 친구가 저쪽에서 나를 기다린다. 내가 손을 높이 들어 흔든다. 친구를 향해 뛰어가려다가 잠시 멈춰 화단 쪽을 돌아보았다. 그리고 돌탑을 바라보며 마음속으로 외쳤다.

'오렌지야, 선물 고마워.'

내 얼굴에 작은 미소가 반짝 빛났다.

| 동시 |

마스크를 벗으니

이렇게 생겼구나
보조개가 있었네
앞니가 빠졌고
와, 웃는 게 참 예쁘다

| 동시 |

바이러스

마스크를 써도
막을 수 없고

거리두기 해도
소용없다

코로나보다
훨씬 강하고

순식간에 전염되는
초강력 바이러스!

그건 바로,
우리들의 웃음이다

| 동시 |

얼굴 그리기

친구 얼굴을 그려요
마스크로 가렸는데
어떻게 그릴까?

6학년 3반 유월 셋째 주 월요일 외

이선영

꽃이 지고 낙엽이 지고 아침저녁으로 달과 해가 지고
이슬이 지고 비와 눈이 지면
떨어지는 것에 안타깝고 화를 내다가도
웃음 진 얼굴에 지고
사랑하는 마음에 지다보면
드디어
얼룩진 삶이 아름다워지고
노을 진 배경이 사랑스러워지고
서툰 글이 써지고 또 써지는 날들을 지내고 있습니다.

6학년 3반 유월 셋째 주 월요일

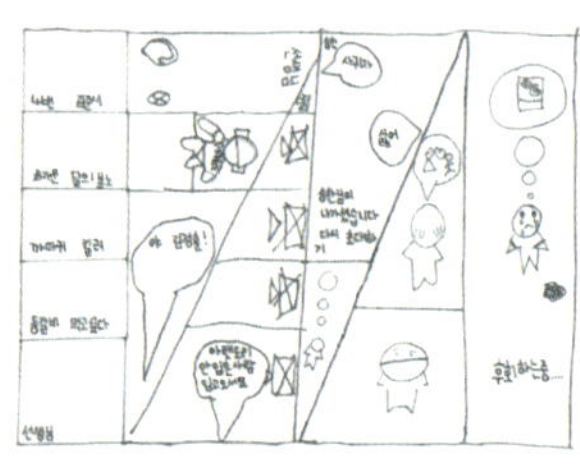

아침 조례 때 지각하는 친구들이 많아졌다. 선생님이 일일이 출석을 부르며 지각한 친구들은 따로 연락을 했다. 나는 아침마다 모니터에 비춰지는 내 모습에 신경이 쓰인다. 오늘은 코밑에 난 뾰루지가 유난히 크게 보였다.

"재희야, 모니터를 얼굴에 맞춰야지. 카메라가 예쁜 재희 얼굴은 안 보여주네. 이마까지만 보이고 나머진 천장이야."

선생님 지적에 나는 모니터를 살짝 낮추었다. 예쁘게 다듬은 눈썹과 옅은 화장을 한 눈까지 보이게 카메라를 조정하자 선생님께서 다시 지적했다.

“재희야, 얼굴 전체를 보여줘.”

나는 모든 시선이 나에게 모이는 것 같아서 숨이 가빠졌다. 코밑 뾰루지가 너무 신경쓰였다. 특히 승찬이도 내 모습을 볼 거라고 생각하니 조금 신경질이 났다. 얼른 옆에 있는 마스크를 끼고 얼굴을 내밀어 보였다.

“아이고, 재희야. 온라인 수업에 웬 마스크?”

선생님이 웃으며 말했다.

“마기꾼이래요.”

현석이가 장난스럽게 대답하자 선생님은 눈이 동그래져서 물었다.

“마기꾼이 뭐야?”

“마스크 사기꾼요. 마스크 아래는 예상하는 모습이 아닌 거예요.”

나는 속이 울렁거렸다. 현석이가 얄미워서 한번 쏘아줄까 하다가 참았다.

지난 금요일에 승찬이가 나에게 사귀자는 문자를 보냈다. 승찬이 문자를 받고 나는 갑자기 승찬이가 싫어졌다. 그 고백만 안 했어도 나는 승찬이를 계속 좋아할 수 있었을 것이다. 지민이는 내가 이상하다고 했다. 마음속으로 좋아하던

애가 고백을 하면 기뻐야한다는 것이다. 나도 내 마음을 모르겠다. 지금은 승찬이가 내 뾰루지를 못 보기만 바랄 뿐이다.

내 사정을 알 리 없는 선생님은 아무렇지도 않게 다음 이야기로 넘어가 주요 일정을 알렸다.

"이번 주는 이틀 온라인, 사흘 등교 수업이죠? 오늘 내일은 온라인하고 수요일부터 금요일까지는 등교합니다. 그리고 지난 주에 얘기한 대로 이번 주 목요일은 등교해서 졸업 사진을 찍을 거예요. 그리고 다다음 주 방학. 이번에도 방학이 조금 일찍 시작합니다."

"선생님, 우리 졸업 여행 가면 안 돼요?"

"응. 갈 수 없어. 코로나 바이러스 때문에 개인 여행도 안 되는데 단체 여행이라니."

아이들이 아우성을 치자 스물다섯 개의 화면이 정신 없어지고 채팅창에는 야유하는 글들이 가득했다.

"다들 이제 조용."

온라인 수업 규칙에 따라 반 친구들이 순식간에 조용해졌다.

"이제 우리……. 어머나! 김정훈."

선생님은 말 하려다가 갑자기 큰 소리로 정훈이를 불렀다. 정훈이 화면에는 정훈이가 팬티 바람으로 맞은 편 침대 위에 엎드려 있었다. 아까 화면에서는 반팔 티셔츠를 입은 상반신만 보여서 몰랐다. 선생님은 큰 소리로 몇 번이나 불렀다. 그 사이 누군가 전화를 걸자 정훈이는 벌떡 일어났다.

"수업하다 말고 침대에 눕는 건 아니지. 정훈이는 거실에서 수업하는 게 어떠니? 그리고 아무리 더워도 그렇지. 우리 온라인 규칙에 용모 단정이 있지요? 양치 세수는 물론 머리도 얌전히 빗고 복장도 학교에 오는 것처럼 입어야 된다고 했지요? 지금 아랫도리 안 입은 사람 1분 안에 입고 오세요."

그러자 갑자기 화면이 여기저기 꺼지기 시작했다.

"세상에. 이렇게 많이 안 입고 있었던 거야? 남은 친구들은 다 제대로 등교 준비하고 온 거지?"

"선생님, 잠옷 바지도 안 돼요?"

"가서 갈아입고 오세요."

그래서 지민이 화면도 꺼졌다.

"선생님, 아침을 안 먹어서 배가 고파요. 먹으면서 해도 돼요?"

"당연히 안 되지. 정 배고프면 컵에 우유 따라 와서 조용히 마셔. 물이랑 우유는 돼요."

"주스도 돼요?"

"아이고. 그래 주스도 된다고 하자. 마시는 것만 돼요."

"그럼 콘프레이크나 밥 말아서 마셔도 돼요?"

"씹는 건 안 돼."

"그럼 삼키는 건 돼요?"

선생님 얼굴이 급격히 굳어져가자, 애교 많은 지민이가 대신 대답했다.

"아이 참, 당연히 안 되지. 근데요, 선생님. 2반은 먹으면서 수업해도 된대요. 선생님이 그러라고 하셨대요."

지민이 말에 친구들이 술렁거렸다.

"맞아요. 금요일에는 소진이가 수업하다가 갑자기 태블릿을 들고 주방으로 가서 라면 끓이는 모습도 나왔대요. 그래서 소진이 먹방도 했대요."

윤지 말을 듣고 선생님은 한숨을 쉬더니 다시 조금 큰 소리로 말했다.

"다들 이제 조용. 이제 안 들어온 사람 없지? 그래서 2반은 지난 주에 수업이 제대로 잘 안 되었대. 이제 2반도 먹으면서 수업 듣는 거 금지됐어. 자, 윤지는 화면에 자기 이름 바꿔주세요. '간식요정'이 뭐야. 학번 이름으로 통일한다. 어, '에픽 마이너', '차가운 달의 분노'도 이름 바꿔주세요. 학번 이름 쓰기 다시 강조해야겠구나. 닉네임 쓰지 마세요."

오랜만에 선생님이 지적을 하자 스물다섯 개의 화면 속 이름이 숫자와 이름으로 일정해졌다.

"자, 지난 주에 공지한 대로 드디어 목요일에 졸업사진 찍을 건데 오늘 3교시는 조별 사진을 어떻게 찍을지 지난 시간에 이어 조별 회의 마무리 합니다. 오늘 회의한 내용으로 목요일에 사진 찍을 거예요. 그러니 각 조별로 미리 정한 주제에 따라 재미있게 졸업 사진을 찍는 것이 좋겠어요. 그리고 준비물도 꼼꼼하게 생각해서 미리 준비해 두었다가 챙겨오세요."

졸업 사진은 번호 순으로 다섯 명씩 한 조를 이루어 모두 다섯 조가 되었다. 다른 조는 남자 친구들만으로 혹은 여자 친구들만으로 이루어졌는데, 세 번째 조만 남자 친구 셋에 여자 친구 둘이 한 조가 되었다. 그 세 번째 조에 내가 끼어 있었다. 나는 곽씨 성이 이렇게 좋은 줄 몰랐었다. 곽씨여서 여자 중 첫 번째로 한승찬과 같은 조가 되었던 것이다. 승찬이와 한 조가 되었을 때는 너무 설렜었다. 승찬이 키가 커서 좋았고 수학을 잘 하는 것도 멋있어 보였다. 심지어 글씨를 못 쓰는 것도 말 주변이 없는 것에도 호감이 갔다. 지금껏 말 몇 마디 해 본 게 전부였는데 졸업 사진을 같이 찍을 수 있다는 게 믿기지 않았었다.

그런데 지난 금요일 나한테 고백하고 나서 나는 승찬이가 싫어졌다. 그 애는 왜 그런 고백을 해서 이렇게 어색하게 만들었는지 원망스러웠다.

"우리 조는 아직도 주제를 못 정했잖아. 오늘 못 정하면 의상 준비를 못한다고."

지민이 말에 태현이가 대꾸했다.

"게임 캐릭터 어때?"

"나쁘지 않네."

민성이가 바로 '영혼 없이' 대꾸했다.

"의상 준비가 너무 어렵다고 지난 시간에 말한 것 같은데."

화를 억누르는 지민이 말투를 태현이와 민성이가 따라하며 놀렸다. 회의는 시간이 갈수록 졸업 사진이 아니라 잡담으로 넘어갔다. 회의 시간이 끝나갈 무렵 결국 목소리 큰 지민이가 결론을 내렸다.

"아, 몰라. 우리 언니 생화 들고 찍은 졸업 사진 보니까 예쁘더라. 우리는 혼성조니까 혼성만 할 수 있는 컨셉으로 가. 약혼식. 승찬이가 젤 키 크니까 신랑하고 재희가 젤 이쁘니까 신부하고 나머진 하객이야."

"말도 안 돼. 갑자기?"

승찬이가 눈이 동그래져서 말했다.

"그건 의상 준비가 쉽냐?"

민성이가 빈정거리자 지민이가 받아쳤다.

"재희만 예쁜 원피스 입고 나머진 청바지에 흰 셔츠만 입어도 돼. 그리고 모두 싱싱하고 예쁜 꽃만 준비하면 돼."

"생각보다 간단한데? 난 찬성."

"나도."

태현이와 민성이가 대번에 찬성표를 던졌다. 나는 가슴이 울렁거리는 것 같았다. 기분이 나빠졌다. 아니 나쁜 것 같기도 했다.

"나만 기분 나쁜 거야? 야, 한승찬."

내가 승찬이를 부르자 승찬이는 웃기만 했다. 남자애들이 "오오." 하고 소리쳤다.

"그래도 모두 찬성했으니까 그냥 해."

내가 반박할 새도 없이 지민이 말이 끝나자마자 우리는 전체 수업방으로 화면이 이동되었다.

다시 전체 수업 시간이 시작된 것이었다.

"얘들아, 졸업사진 찍을 준비는 다 됐니?"

선생님 목소리는 기운이 없었다.

"네, 우리는 디즈니 공주 시리즈 할 거예요."

"우리는 마법사들로 하기로 했어요."

"우리 조는 도둑과 경찰 분장이에요."

아이들은 저마다 신나서 자기 조에서 찍을 사진 얘기를 했다.

"아이고, 근데 얘들아. 우리 이번 주에 등교 수업이 취소되었구나. 오늘 학교에 온 다른 학년 친구가 확진이래요. 5월에도 그랬던 것처럼 이번에도 졸업 사진 또 못 찍어. 아마도 2학기에 찍게 될 것 같아."

여기저기서 아우성치는 소리가 울렸다. 하지만 차라리 다행이었다. 졸업 사진을 안 찍어도 된다니. 만약 진짜 지민이 말대로 졸업 사진을 찍게 된다면 얼마나 바보 같을까?

그러면서도 나는 아직도 졸업 사진을 상상하고 있었다. 머리에 하얀 화관을 쓰고 무릎 밑까지 오는 하얀 원피스를 입어야지. 구두도 하얀 색이 좋을까? 마스카라까지 완벽하게 화장을 하면 더 예쁘게 보일 거야. 승찬이는 청바지에 하얀 셔츠를 입겠지. 셔츠 밑단은 바지 밖으로 내리고 한 손을 바지 주머니에 찔러 자연스럽게 연출해야 해. 그리고 다른 손에는 꽃다발을 동그랗게 들고. 아, 부케는 너무 크지는 않아야 하지만 리본은 반드시 잘 보일 정도로 커야해. 지민이랑 두 녀석은 청바지에 하얀 블라우스나 셔츠를 입고 커다란 꽃을 한 송이씩 들고. 나는 이 모든 상황이 놀랍다는 듯 깜찍한 표정을 지어야지.

이렇게 상상하자 선생님 말씀을 듣고 내려앉은 내 마음이 안도가 아닌 것을 알게 되었다. 선생님 말씀에 마음이 계속 허전했다. 나는 이제야 내 기분을 알았다. 나는 승찬이를 좋아하는구나.

그런데 나는 왜 어제 승찬이가 사귀자는 문자에 그런 바보 같은 답을 썼을까? 눈물이 났다.

기말고사

“수정이 아직도 화장실에 있어?”

엄마가 식탁에서 소리쳤다. 나는 느릿느릿 앉으며 젓가락을 들었다.

“아, 난 고등학교 가기 싫다.”

“우리 송수민님은 중학교부터 가셔요. 올해 졸업 잘 하시고.”

내 밥 옆에 국을 놓으며 엄마는 말했다. 언니는 욕실에서 나오면서 또 조르기 시작했다.

“엄마, 진짜 이번 시험 끝나고 방학하기 전에 허락해 달라니까."

"이제 고2니까 공부 좀 해야지."

"그러니까 특강 시작하는 방학 전에 다녀온다고."

언니는 시험 전부터 엄마에게 떼를 쓰고 있다. 언니는 초등학교 졸업 여행이 세월호 때문에 취소되었고 그 여파로 중학교 때에도 수학여행과 졸업 여행은 꿈도 못 꾸었다. 고등학교에 들어가면서 슬슬 수학여행과 졸업 여행이 풀리기 시작하는 분위기였다고 한다. 그런데 코로나19로 여행은커녕 몇 달이나 늦어진 입학식에는 하복을 입고 참석했다. 올해도 여전히 등교하기 어려운 상태가 이어졌다.

"우린 태어나서 지금까지 학교에서 가는 단체 여행을 한 번도 가 본 적이 없잖아. 내년은 고3이니까 더 안 되고. 그래서 이번에 친구들이랑 그것도 딱 네 명만 다녀올게."

수정이 말에 수민이도 얼른 끼어들었다.

"엄마, 그럼 나도. 나도 친구들이랑 같이 캠핑 보내줘."

수정이는 얼른 말막음을 했다.

"넌 아직 가능성이 많잖아. 참아. 내가 더 급해."

"아이고, 아빠한테 아직 말씀을 못 드렸다니까. 요즘 가게가 계속 어려워져서 아빠 기분이 좀 그래."

엄마는 시무룩해져서 말끝을 흐렸다.

"많이 안 되는 거야?"

수정이가 걱정스럽다는 듯이 제법 어른 티를 내며 물었다.

"당구장을 팔까 생각 중인데 그것도 쉽지 않은 것 같아."

셋은 순간 조용해졌다. 엄마는 기분을 새롭게 하기 위해 입을 열었다.

"수정이 오늘은 국어 시험 보는 날이지? 새벽까지 공부하느라고 힘들었겠다. 고생했어. 금요일도 실수한 게 있다고 했지? 오늘은 실수만 하지 말고 잘 보고 와."

"응. 내일까지만 보면 기말고사도 끝이야. 이제 방학만 남았어. 그러니까 캠핑 얘기 좀 잘 부탁드립니다."

웃으면서 얘기하는데 엄마와 언니 핸드폰에서 동시에 알림음이 울렸다. 언니가 먼저 재빠르게 내용을 확인했다.

"아, 몰라. 울고 싶어."

언니 목안 깊은 곳에서 탄식이 울렸다.

"아니, 이게 뭐야. 세상에."

엄마마저 황당하다는 표정에 나는 다급하게 물었다.

"뭔데? 뭔데?"

"언니네 학교 2학년에서 확진자가 나왔대. 그래서 오늘 학교 오지 말라고. 시험 못 본다고. 두 주 뒤에나 본다는구나."

엄마 말에 언니는 큰 소리로 울부짖었다.

"이게 말이 되냐고. 시험 준비 때문에 한 달 전부터 하루에 몇 시간 못 자고 공부했는데. 내일까지만 보면 끝인데. 다시 두 주나 더 시험 기간이 연장당한 거잖아."

엄마는 손가락을 입술에 대며 소곤거렸다.

"쉿! 아빠 깨실라. 어제 늦게 주무셨어."

"아, 몰라. 나 잘 거야."

"온라인 수업 들으라고 하던데."

엄마 말을 뒤로 하고 언니는 폰을 들고 방으로 들어가 버렸다.

나는 어깨를 으쓱하고 내 방으로 등교했다.

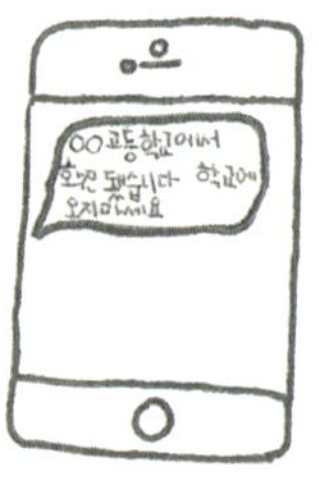

예방 접종

준돌이가 학교에서 돌아오니 엄마는 빨래를 개키고 있었습니다.

“준돌아, 엄마 오늘 주사 맞아서 왼팔이 좀 아프니까 다치지 않게 조심해 줘.”

엄마가 특별히 부탁을 했기 때문인지 준돌이는 놀면서도 사이사이 엄마를 살펴보았습니다. 저녁에 TV에서 예방 접종을 하고 죽은 사람들 뉴스가 나오자 준돌이는 걱정이 되었습니다. 아니나 다를까 엄마는 저녁부터 시름시름 아프기 시작합니다. 엄마 이마에 손을 대어보고 안아 보기도 했습니다.

엄마가 알약을 꺼내자 준돌이는 컵에 물을 따라 드리며 엄마가 약 먹는 것을 걱정스레 바라보았습니다.

아침에 일어나보니 열은 더 심해지고 엄마는 더 아파보입니다. 준돌이는 떨어지지 않는 발걸음을 옮겨 학교로 향했습니다. 학교에서도 엄마가 걱정이 되어서 끝나자마자 집으로 달렸습니다. 엄마는 꼼짝도 못하고 침대에 누워 간신히 눈을 뜹니다.

"준돌이 왔구나,"

"엄마, 많이 아파?"

준돌이는 엄마가 걱정입니다. 손을 들어 이마에 대어 보고는 깜짝 놀랍니다.

"엄마, 이 정도는 병원 가야 돼, 팔팔 끓어. 엄청 뜨거워."

엄마는 미소를 지으며 말했어요.

"아, 우리 준돌이가 엄마 걱정을 다 해 주고. 고마워. 우리 준돌이가 밖에서 들어와 손이 차가워서 그런가 보다."

여전히 기운 없는 말에 준돌이는 걱정이 태산 같아집니다. 어제 본 뉴스가 불길하게 아른거립니다.

"엄마, 병원 가자. 큰일 나겠어."

준돌이가 엄마를 흔들어댑니다. 엄마는 조금 전에 약 먹어서 아픔이 덜해졌지만 준돌이가 귀여워 더 놀려주고 싶은 마음이 들었습니다.

“준돌아, 엄마가 … 끄응, 엄마가 … 흐으, 먼저 가더라도 우리 준돌이는 씩씩하게 살아야 해.”

준돌이 얼굴이 확 흐려집니다. 엄마는 슬그머니 웃음이 났지만 참으며 계속 연기를 이어갔어요.

“준돌이는 … 하아하아 이제 1학년이지만 엄마 없어도 스스로 잘할 수 있지? 으으 ……. 약 … 속해 줘. 치카도 꼭 하고 아빠 말씀도 잘 듣고, 끄응 … 공부도 열심히 해서 나라를 위해 일하는 훌륭한 사람이 되어 …….”

준돌이가 점점 더 놀라워하자 엄마는 터져 나오려는 웃음을 참으려고 눈을 감고 털썩 쓰러집니다.

“엄마. 엄마. 안 돼.”

준돌이는 엄마 얼굴을 찰싹찰싹 때렸습니다. 엄마는 아팠지만 참았습니다. 준돌이는 울면서 엄마 가슴을 퍽퍽 때렸습니다. 엄마는 너무 아프고 웃겼지만 역시 잘 참았습니다.

“엄마. 어엉어엉. 엄마, 죽지 마.”

준돌이는 울부짖으며 엄마를 마구 치기 시작했습니다. 그러다가 왼팔을 퍽 때리자 엄마는 더 이상 참지 못하고 “아악." 소리를 지릅니다.

준돌이는 깜짝 놀라 울음을 멈추고 눈이 동그래져서 엄마를 봅니다. 엄마는 너무 아프고 너무 웃겨서 눈물을 흘립니다.

"아이고, 우리 준돌이가 엄마를 살렸네. 고마워."

"엄마, 이제 안 죽어?"

"그럼, 그럼. 우리 준돌이 효심에 감동해서 엄마가 돌아올 수 있었어."

엄마는 준돌이를 품에 안은 채 오른 손으로 왼팔을 살살 문지릅니다. 장난친 대가가 호되게 되돌아왔습니다. 하지만 준돌이도 엄마도 서서히 아픔이 사라지는 자리에 행복이 커지는 것을 느꼈습니다.

어와둥둥, 아이야 가자! 외

최금왕

어느 날 천사가 찾아왔습니다.

천사를 알아보기까지 이십 년.

이제는 평생 일곱 살로 살아가는 가영이랑 천사놀이, 사람놀이를 합니다.

동화 길을 터 준 가영이랑 타박타박 걷고 있는 중이랍니다.

어와둥둥, 아이야 가자!

“엄마, 어디 가?”

“보건소.”

엄마가 안전띠를 매며 말했습니다.

“요양원 할머니한테 간다고 했잖아.”

아이는 안전띠를 죽 당기며 말했습니다.

“아빠가 백신 맞고 가신대.”

“보건소에서 코로나 일구 주사 맞아?”

“응. 백신 맞고 바로 할머니한테 갈 거야.”

코로나 일구. 네 살배기 아이도 ‘밥 줘.’라는 말만큼이나 친해진 말입니다.

'백신'보다는 '예방접종'이란 말에 익숙하고, '코로나'는 중학교 과학 시간에 태양 가장자리에서 밝게 빛나는 불꽃 정도로만 알고 있었는데, 이 어려운 단어를 '엄마, 아빠' 말보다도 더 자주 하는 아이가 왠지 안쓰러웠습니다.

따르르르!

휴대폰이 길게 울렸습니다.

엄마가 보건소 입구 쪽으로 차를 세우고 전화를 받았습니다.

"응. 보건소 2번 입구예요. 뭐라구요? 보건소라고 했잖아요."

엄마 말이 빨라지기 시작했습니다.

"알았어요. 실내체육관으로 가면 되는 거죠?"

엄마는 전화를 끊자마자 차를 돌렸습니다.

"엄마, 보건소랬잖아?"

"보건소에 전기가 나가서 체육관으로 장소를 옮겼대."

엄마가 말했습니다.

"코로나 일구 혼내는 주사가 거기도 있어?"

'코로나 일구'라는 말이 아이 혀에서 미끄러지듯 빠르게 나옵니다.

"응."

체육관이 보이기 시작했습니다.

엄마 손이 왼쪽으로 반원을 그리며 좌회전을 했습니다.

따르르릉.

“엄마 전화왔어.”

아이가 휴대폰을 바라보며 말했습니다.

“알았어. 주차장에 차 세우고 전화하면 돼.”

엄마가 주차장에 차를 세웠습니다.

“엄마, 이거는?”

아이가 옆자리에 놓여있는 마스크 상자를 들었습니다.

“할머니한테 갖다 줄 거야.” 아이는 코로나로 인해 벌써 몇 달째 어린이집도 못 갔습니다.

할머니를 못 본 지도 일 년이 넘었습니다.

“아빠가 어디 있나 전화해 봐야겠다.”

“나도 갈래.”

차 문을 열자 갑자기 시끌벅적한 소리가 차 안으로 쑥 들어왔습니다.

엄마가 전화하는 사이에 아이가 차에서 내렸습니다.

“뭐라고요? 다시 보건소로 간다고요?”

엄마는 제1주차장에 서 있는 커다란 버스를 바라보며 말했습니다.

버스를 타려는 사람, 타지 않으려고 하는 사람, 소리 지르는 사람, 마이크를 들고 돌아다니는 사람, 줄을 세우려는 사람, 쩔쩔매는 사람들이 웅성웅성거렸습니다.

"보건소로 오랬다가, 체육관으로 데려왔다가, 또다시 보건소로 가자고?"

"전기가 나갔다는 이유로 이리저리 끌고 다니고…."

체육관 직원과 행정 운운하면서 싸우던 아저씨가 웃옷을 훌렁 벗었습니다.

아저씨 웃옷에 마스크가 걸려 툭 떨어졌습니다.

"이 더운 날씨에."

손바닥으로 이마 땀을 닦으며 침을 뱉았습니다.

"아기 걸음마 시키는 것도 아니고."

아저씨 말소리가 커지면 커질수록 사람들 말도 점점 커졌습니다.

"아이야, 가자."

어느새 아빠가 다가와 아이 손을 잡았습니다.

아이는 아빠 손을 살며시 뺐습니다.

아이가 타박타박 발소리를 내며 앞으로 뛰어갔습니다.

"어디 가?"

아빠가 뛰어가는 아이를 뒤따라갔습니다.

어른 열 걸음도 안 되는 거리를 종종걸음으로 옷 벗은 아저씨 앞에 섰습니다.

아이가 아저씨 다리를 톡톡 쳤습니다.

"아저씨 이거."

아이는 들고 있던 상자에서 마스크를 꺼내 주었습니다.

붉으락푸르락했던 아저씨 눈이 동그래졌습니다.

아빠가 아이를 안고 비행기를 태우듯 한 바퀴 빙 돌았습니다.

"어와둥둥. 아이야 가자!"

예쁜 갑질

“아빠. 두 장!”

V자를 만들어 흔들었습니다.

“그래. 엄마랑 기다리고 있어.”

아빠는 주차장에 차를 세우자마자 운전석 옆 노란 버튼을 눌렀습니다.

딸칵!

트렁크 문이 스르르 올라갔습니다.

“여보, 같이 갈까?”

엄마가 전동 휠체어를 내리면서 말했습니다.

"괜찮아. 빵집 지나면 바로 약국인걸. 건널목 건너는 것도 아닌데."

아빠가 휠체어 앉아 손잡이를 힘껏 잡아당겼습니다.

"다녀올게."

"쪽문까지만 같이 갈게요."

엄마가 휠체어를 주차장 쪽문까지 밀고 갔습니다.

"무슨 문이 이리 좁아. 한 사람 드나들기도 어렵게."

휠체어를 기둥에 부딪치지 않도록 조심스럽게 움직이며 엄마가 말했습니다.

"이렇게 질러갈 수 있는 것만으로도 고맙지."

"조금 크게 만들지."

엄마가 투덜거렸습니다.

"쪽문이니까 작지. 한 사람씩 드나들 수 있도록…."

"휠체어 생각은 안 하고?"

"그건 우리 생각이고. 동완이가 기다리겠다."

아빠가 엄마를 채근하며 약국 쪽으로 방향을 돌렸습니다.

사람들이 송내약국 옆 파리빵집 지나 경인문고까지 대기줄을 만들었습니다.

아침 일찍 아파트 상가 우리약국 유리창에 붙여진 '마스크 없음'을 보고 온 터라 기다릴 수밖에 없었습니다.

아빠는 대기 줄 끝에 휠체어를 바짝 붙였습니다.

"아얏!"

앞에 서 있던 아주머니가 소리를 질렀습니다.

"죄송합니다."

휠체어 바퀴가 앞에 선 아주머니 신발 뒤축을 밟았습니다.

"아. 괜찮아요."

아주머니는 발뒤꿈치를 문지르며 말했습니다.

"아저씨, 잠깐만요. 이쪽으로 조금 당겨보세요."

아빠가 왼쪽 팔걸이에 박힌 노란 버튼을 눌렀습니다.

휠체어가 인도에 안전하게 설 수 있도록 아주머니가 살짝 밀어주었습니다.

"고맙습니다."

아빠 인사가 끝나기도 전에 아주머니는 눌린 신발을 질질 끌며 아빠 뒤로 갔습니다.

"앞에 계세요. 제가 뒤로 갈게요."

아주머니가 휠체어 뒤에 서면서 말했습니다.

"안 그러셔도 되는데…."

"제 오빠가 생각나서요."

휠체어를 고정한 아빠가 고개를 길게 빼고 약국 문 앞을 바라보았습니다. 사람들에게 가려 약국 문은 보이지 않았습니다.

이때였습니다.

하얀 가운 입은 약사 선생님이 문을 빼꼼히 열고 대기 줄 끝을 바라보았습니다. 목을 길게 뺀 아빠 눈과 마주쳤습니다. 아빠는 덩치가 큰 휠체어가 마음에 걸렸습니다. 휠체어 손잡이를 이용해 꿈틀꿈틀 건물 쪽으로 움직였습니다.

어느새 아빠 뒤에도 사람들이 많아졌습니다. 막대풍선에 바람 들어가듯 대기 줄은 쑥쑥 길어졌습니다. 아빠 휠체어도 조금씩 조금씩 앞으로 다가갔습니다.

"빨리 지나가세요."

빨간 모자를 쓴 아주머니가 자전거를 끌며 말했습니다.

"아닙니다. 저도 줄을 섰습니다."

아빠가 주춤거리며 말했습니다.

"집에 사람이 없나. 이런 때 휠체어를 끌고 나오다니…."

두 사람 몫의 자리를 차지하는 휠체어가 못마땅한지 투덜거렸습니다.

"번호제라서 본인이 와야 한대요!"

뒤에 선 아주머니가 말했습니다.

아주머니 말에 힘을 얻어 아빠 어깨가 쑥 올라 가는가 싶더니 갑자기 얼굴이 굳어졌습니다.

헉!

들숨이 콧속 끝에 걸렸습니다.

약국 앞으로 빨려 들어가던 대기 줄이 짧아지는 순간이었습니다.

마스크를 살 수 있는 차례가 다가왔다는 기쁨도 잠시였습니다.

하나, 둘, 셋!

3층 계단.

아빠는 마치 산꼭대기 성을 향한 수백 개의 계단 앞에 서 있는 아이가 된 것 같았습니다. 빨간 십자가 깃발 꽂힌 성에서 하얀 망토를 걸치고 하얀 마스크를 한 여왕이 튀어나올 것만 같았습니다. 이건 약국이 아니라 영락없는 마녀의 성입니다.

'이 환상은 뭐지? 동완이처럼 애도 아니고.'

아빠는 고개를 흔들었습니다.

어쨌든 아빠에게 있어서 계단은 걷지도 넘지도 못하는 장벽인 것은 틀림없었습니다.

계단 위 약국을 향한다는 것은 의지와는 상관없이 불가능했습니다. 전동으로, 인공지능으로, 말로 하는 휠체어까지 나왔지만 점프하는 휠체어가 나왔다는 소식은 들어본 적이 없었습니다.

'그냥 갈까?'

뒤를 돌아보았습니다.

어느새 대기 줄은 누에고치 실을 뽑듯 휠체어 뒤꽁무니를 물고 저만치 길어지고 있었습니다.

"또 다른 곳으로 가야 하나."

아빠가 중얼거렸습니다.

"아저씨. 뒷문으로 들어가면 턱이 낮아 들어갈 수 있을 거예요. 그런데 주차장을 끼고 돌아야 할 거예요."

아빠 편들어준 아주머니의 친절한 안내가 오히려 포기하라는 말로 들렸습니다.

'주차장을 돌아가면 동완이가 볼 텐데…. 주차장을 돌아가는 동안 마스크가 다 떨어질지도 모르고…. 어쩌지?'

이대로 포기하기에는 기다린 시간이 아까웠습니다.

세 살배기 아이도 오르내리는 계단을 넘을 수 없다는 사실이 아빠를 난감하게 만들었습니다.

동완이 얼굴이, 아내 얼굴이, 어머니 얼굴이 스쳐 지나갔습니다.

'그래. 주차장을 돌아서 가더라도 마스크를 사자.'

아빠가 휠체어 핸들을 다시 잡았습니다.

"조금만 비켜 주세요. 제가 돌아가야 해서요."

앞 뒤에 선 아저씨, 아주머니에게 연신 꾸벅이며 말했습니다.

앞서거니 뒤서거니 물러서는 사람들 틈에서 휠체어는 간신히 방향을 틀었습니다.

그때였습니다.

약국 문이 열리는 소리가 났습니다.

아빠가 고개를 돌렸습니다.

"죄송합니다. 마스크가 떨어졌습니다."

약사 선생님의 손에는 '마스크 없음'이라고 쓴 종이가 들려 있었습니다.

화가 난 사람들이 소리를 모아 약국을 향해 쏟았습니다.

"진작 말을 하지!"

"남아 있는 수만큼 사람들을 기다리라고 하고, 다음 사람들은 집에 가라고 하든가!"

"지금껏 기다리게 해 놓고 이게 뭐 하는 짓이야!"

"이건 약국의 갑질이야!"

쏟아지는 소리에서도 아빠는 용케도 빨간 모자 아주머니 목소리를 찾아냈습니다.

'갑질?'

약사 선생님이 유리문에 '마스크 없음'을 붙였습니다.

탁!

유리문이 닫으면서 사람들의 말을 잘랐습니다.

약국 안으로 들어가지 못한 사람들의 소란이 흩어지기 시작했습니다.

아빠는 사람들과 달리 '마스크 없음'의 갑질이 오히려 위안이 되었습니다. 대기 줄에 선 사람들이 모두 마스크를 살 수 없다는 것이 오히려 평등한 것 같았습니다.

마스크와의 전쟁을 치르고 주차장으로 돌아왔습니다.

"아빠, 마스크는?"

동완이가 창문을 열며 물었습니다.

"다 떨어졌대."

"그럼 할머니 집에 못 가는 거야?"

동완이가 시무룩해졌습니다.

"다음에 가자. 어느 시골 마을 어귀에서는 마스크 착용하지 않으면 못 들어오게 하는 곳도 있다더라. 특히 서울 사람을 싫어한대."

아빠 말에 동완이 얼굴이 어두워졌습니다.

엄마가 차에서 내려 아빠 휠체어를 트렁크에 넣으려고 할 때였습니다.

"아저씨!"

흰 가운 입은 약사 선생님이 뛰어왔습니다.

"이거 받아가세요."

마스크 두 장을 건네주었습니다.

"아? 네!."

아빠가 어리둥절하며 더듬거렸습니다.

"그럼 이거…."

아빠가 주머니에서 돈을 꺼내려고 하는 사이 약사 선생님이 약국 계단 위로 뛰어 올라갔습니다.

"제가 갑질했습니다."

약사 선생님이 약국 앞에 서서 환하게 웃으며 손을 흔들었습니다.

과일이랑 야채랑 외

추유선

달라도 어쩜 이렇게 다른지, 너무나도 다른 성향의 아이와 만나서 좌충우돌하는 일상에 뭐하나 쉽게 넘어가는 일이 없었습니다. 서로가 '틀림'이 아닌 '다름'을 알아가면서 두 아이와 함께한 시간은 어릴 적 나와 지금의 나를 성장하게 했고,조금 더 단단한 사람이 되게 해 주었습니다. 이 마음을 꾸준히 글로 남겨 놓고 싶습니다.

그 마음이 이야기로 전해져 누군가에게 위로가 된다면 정말 행복할거 같습니다.

과일이랑 야채랑

코로나19로 2, 3학년이 훌쩍 지나고 다음 주에는 겨울방학이다. 방학이 끝나면 4학년이 된다. 며칠 남지 않은 3학년, 등교는 오늘이 마지막 날이다. 다음 주는 등교 없이 비대면으로 수업하고 종업식까지 마무리된다고 하셨다.

4학년 교과서도 오늘 가져가야 하고 이제 언제 볼지 모르는 친구들과 인사도 해야 하고 선생님과 볼 수 있는 시간이 얼마 남지 않았다고 생각하니 아쉽다.

작년 2020년 2학년 때는 12월 확진자가 많아져 사회적 거리 두기 2.5단계로 변경되면서 전면 온라인수업으로 바뀌어

2학년이 정말 슬프게 끝났는데 그때를 생각하면 지금은 그래도 좋다.

한해의 마지막 날 3학년 등교 수업 마지막 날, 마지막 5교시는 '자율'이다.

선생님께서 칠판 중앙에 '코로나19로 보낸 시간에 가장 보고 싶은 사람에게 편지쓰기'라고 쓰셨다.

'어, 없는데'라고 생각이 들었다. 여기저기서 웅얼웅얼하듯 친구들의 말하는 소리가 들릴 듯 말 듯 들려왔다. 자리마다 놓인 칸막이로 자세히 들리지도 않고 얘기할 수 없는 상황이 이제는 익숙해서 돌아볼 생각도 하지 않지만, 좀체 누구에게 써야 할지 막막하다 보니 눈동자만 굴리게 되었다. 5월에는 부모님께, 10월 애플데이에는 친구에게 편지쓰기는 항상 했지만, 오늘 편지는 너무 낯설었다.

나만 그런 건 아닌가 보다. 선생님이 우리들의 마스크 한 얼굴에 눈동자가 흔들리는 걸 알아차리셨다.

"애들아, 우리가 헤어질 때 '또 만나', '내일 만나.' 이렇게 인사를 하잖아. 하지만 코로나19로 서로서로 거리를 두면서 조심하는 시간이 길어지다 보니 만나고 싶어도 만날 수 없는 분들이 있잖아. 가족도 있고, 친구도 있고, 또 항상 만나던 많은 분이 있잖아. 못 보고 지내는 시간이 길어지는데 보고 싶다고 얘기하고 싶은데 말할 수 없는 분, 보고 싶은데 못 만나는 상대에게 쓰는 거야. 정말 자유롭게 쓰고 싶은 마음을 담으면 되는 거야."

'보고 싶은데 못 만나는 상대?' 갑자기 이렇게 생각하니 한 사람이 떠올랐다.

나눠 주신 편지지 제일 첫 줄에 썼다.

과일이랑 야채랑 아저씨께.

아저씨 안녕하세요. 태준이예요.

어린이집 끝나고 태권도, 유치원 끝나고 태권도, 초등학교 입학해서 1학년 때도 학교 끝나면 태권도로 가던 태준이예요.

언제나 제가 가는 길에 너무 어릴 적은 기억이 잘 안 나지만 그냥 제 기억 태권도를 가던 길에는 항상 아저씨가 계셨어요. 횡단보도를 건너면 바로 만나는 그 자리에 항상 계셨어요.

태권도를 다녀서 집에 갈 때도 신호를 기다릴 때면 아저씨가 가게 앞에서 길 건너는 제게 오늘은 어땠는지, 뭘 배웠냐고 물어봐 주셨지요.

과일을 좋아하는 누나와 제가 제철마다 좋아하는 과일을 엄마 심부름으로 사서 들어갈 때도 있고, 그냥 귀가하는 길에는 꼭 귤 하나, 복숭아 하나, 사과 하나 등을 손에 쥐여 주셨지요. 항상 그 자리에 계셨는데 작년에 코로나19로 갑자기 학교도 못 가고 태권도도 못 가고 오랜 시간 집에만 있다가 처음으로 등교를 하게 된 6월, 태권도를 가는 길에 깜짝 놀랐어요. 〈과일이랑 야채랑〉 앞에 계시던 아저씨가 안 계시고 가게 간판이 바뀌어 있어서요. 너무 슬펐어요. 오가는 길에 어디 가냐 물어봐 주시고, 인사 잘한다고 칭찬도 해주시고, 유치원 졸업할 때도 축하한다고 해주시고, 초등학교 입학했을 때는 정말 다 컸다고 기뻐해 주셨는데 안 계신 그 길이 너무 이상했어요.

저 3품 국기원 다녀왔을 때도 칭찬 많이 해주셨는데….

작년 12월에 태권도도 문을 닫았어요. 관장님이랑 사범님이랑도 못 만나게 되었고 6년 동안 만났던 형이랑 누나들과도 만날 수 없게 되었지요. 매일매일 가던 태권도를 가지 않으니 지금도 슬퍼요. 줄넘기, 태권도도 못 하고 형, 누나들과 하던 피구, 금요일에 하던 에어바운스도 못 하고 떡볶이 파티도 안 해서 관장님 떡볶이도 못 먹고, 형들이랑 보드게임도 못하고, 못하게 된 게 너무 많아요.

〈과일이랑 야채랑〉 옆에 있던 〈종로 떡집〉도 이번 여름에 다른 가게로 바뀌었어요. 제 간식의 반은 꿀떡이었는데 이제는 과일도, 꿀떡도 먹고 싶으면 오가는 길이 아니라 한참을 가야 해요.

3학년이 되고 저 키도 많이 커서 이제는 마주쳐도 못 알아보시면 어쩌죠?

저 아저씨 얼굴도 이제는 기억이 잘 안 나는데 어떡하죠?

아저씨 좋아하신 달고나 사탕 사던 〈세계과자점〉도 며칠 전에 문을 닫고 간판이 바뀌었어요. 그 길이 너무 즐거운 곳이었는데 많이 허전해요.

아저씨에게 전할 수 없는 편지이지만 그래도 보고 싶은 마음을 쓰고 싶었어요.

제가 너무 커서 아저씨가 못 알아보시기 전에 꼭 만났으면 좋겠어요.

건강하세요. 아프지 마시고, 코로나도 조심하세요.

2021년 12월 31일

아저씨 얼굴이 이제는 기억이 잘 안 나는 태준이가

추신.

아저씨 처음 만날 때 초등학교 1학년이었던 우리 누나 올해 중학생이 되었어요.

내일이면 2022년 이제 2학년이데요. 누나도 아저씨 많이 보고 싶다고 했어요.

다 쓰고 곱게 접어서 봉투에 넣었다.

'바로 보낼 수는 없는 편지이지만 잘 갖고 있다가 만나면 꼭 전해드려야지' 생각했다.

중2의 두근두근 내 인생

2주 온라인 수업을 하고 등교하는 월요일이라 마음도 바쁘고 온라인 수업하면서 과목마다 챙겨야 하는 것도 많아 개학을 앞둔 전날처럼 주말은 너무 바빴다.

비대면 수업 2주 동안 과제는 온라인으로 제출했지만 등교하는 오늘부터는 과제에 과목마다 수행 평가, 쪽지 시험이 예정되어 잘하고 싶은 마음에 일요일 밤늦게야 잠을 청했다. 혹시나 빠진 거 없나 책가방을 다시 확인하는데 작은 방에서 자는 동생 인기척이 없다. 늦게까지 핸드폰으로 게임을 하더니 아직도 한밤중인가보다.

초등학교 5학년 동생은 하이클래스 7반 클래스 공지에서 이번 주 주간 학습 안내 확인하고, 오늘 e학습터에 올라온 영상과 예정된 줌 수업에 시간 맞춰 들어가야 하는데 일어날 기미가 보이지 않는다. 8시가 되어 등교를 서둘러야 하는데 이 녀석을 믿고 가도 되는지 어떤지 마음이 점점 더 급해진다.

"야, 일어나. 나 학교 갈 거야. 지금 일어나지 않으면 나 모른다."

아무리 큰 소리로 얘기해도 꿈쩍도 하지 않는다. 교복을 입고 가방을 들고 나서려는데 영 미덥지가 않다. 엄마가 아침 일찍 나가시면서 차려 놓은 음식으로 아침, 점심까지 이 녀석이 먹긴 할까 하는 생각이 든다. 먹는 걸 보고 가면 마음이 편하겠는데, 아니 일어나서 눈을 뜬 것만이라도 보면 마음이 좀 괜찮겠는데 영 움직일 기미가 보이지 않으니 발이 떨어지지 않는다.

2주 온라인 수업, 1주 등교하는 나는 등교하는 주간은 아침마다 전쟁이다.

온라인 수업을 하는 2주 동안은 늦게 일어나도 내가 수업하다가도 쉬는 시간에 와서 줌으로 들어가는 시간에 맞춰 동생을 일으켜 앉혀라도 놓고 출첵이라도 하게 하는데 격주로 주에 2~3일 등교하는 동생은 역시나 쉽지 않다. 학교에서 대여한 태블릿 PC로 하다 보니 노트북으로 하는 것보다 채팅창이나 주석을 이용해서 수업 참여도 쉽지 않고 성능도 좋지 않아 자주 튕겨서 하기 싫어하는 것도 이해는 되지만 지금은 달리 방법이 없다.

우리 세 식구의 가장으로 엄마가 이른 시간 출근하시며 번번이 나에게 동생 좀 잘 챙기라고 얘기하시지만 나도 급급하게 따라가는 온라인 수업인 데다가 뭐 좀 하려고하면 렉이 걸리거나 튕겨 나와서 다시 들어가길 수차례 하면서 이 녀석하고 실랑이까지 하려니 미칠 지경이다. 안 보면 속이라도 편하겠다 싶지만 이렇게 등교하는 주가 되고 동생이 목, 금 등교하고 월, 화, 수 원격 수업인 주는 마음이 편하지 않다.

학교 가서 좋은데 아침에 이런 실랑이에 끝이 보이지 않는 상황을 보내고 집을 나서면 학교에 도착하고 1교시가 시작될 즘에는 하루 쓸 에너지를 다 소진한 거 같다고나 할까.

큰소리로 말한다. 마지막 나의 외침이다.

"야, 나 진짜 간다. 수업이랑 알아서 하고 밥도 먹고, 게임만 하지 말고… 진짜 간다." 닫히는 문소리에 잠 깨라고 '쾅~' 하고 닫았다.

세게 닫은 문소리만 나를 배웅해 준다.

중학교 1학년 입학을 앞두고 개학이 미뤄지고 입학식도 없이 4월 온라인 개학을 하면서 설렘에 맞춰 놓은 교복은 그냥 더운 날씨를 맞이하면서 입어 보지도 못했다. 더워지는 날씨에 하복을 만나게 되어 아쉬웠는데 오늘 꺼내 입은 하복도 그사이에 컸는지 치마도 조금 짧아진 거 같고 집에 있는 시간이 많아지면서 오른 살로 허리도 끼는가 싶지만, 학교 가는 길이 너무 좋다.

결국은 학교 친구들이랑 잘 지내야 하는데 중학교 1학년 같은 반 친구들이랑은 워낙 몇 번 보지도 못하고 그것도 마스크를 하고 만나니 누가 누군지 낯설기만 하고 그러다 보니 친해질 시간 없이 끝나버렸고, 학원을 다니지 않는 내가 학교 끝나고 학원에서 만나는 기회가 없다 보니 친한 친구 없이 2학년이 되었고 지금 반에도 한 학기가 다 끝나갈 때까지 친한 친구 없기는 작년과 다르지 않다.

유일하게 친한 친구랑 도로 하나를 사이에 두고 집이다 보니 다른 중학교를 배정받았다.

구글 클래스룸으로 수업을 하는데 과목마다 수업 방을 하나씩 만들어서 과목마다 공지를 확인하고 구글 미트로 실시간 수업을 하는 나와, 위드랑으로 과목별 수업 방으로 공지 및 과제 제출하면서 줌으로 비대면 수업을 하는 친구랑은 서로 의지하기가 어렵다.

다른 채널을 사용하다 보니 어려움을 해결할 도움을 주고받기엔 내 코가 석 자인 것이다.

편하게 카톡을 할 수 있는 친구를 만나고 싶은데 단체 대화방으로 선생님이 계신 단톡방은 어렵고, 우리 반 회장이 만든 수다방(오픈 채팅방)은 들어가 있기는 하지만 항상 얘기하는 친구들의 대화를 눈팅하는 거 이외에 내가 달리할 수 있는 말이 없다.

함께 있지만 나만 모르는 얘기들이 많고 같은 초등학교를 나오지 안아서 잘 모르기도 하지만 수다방에서 나올 수는 없다. 이 방이 유일하게 중학교 친구들이랑 있는 대화방이기도 하고 애들이랑 같이 있는 것만도 좋기 때문이다.

교실에서도 급식실에서도 칸막이하고 거리 두기를 하고 앉아야 하니 마스크 한 친구들의 얼굴도 제대로 보지 못하니 온라인 수업 시간에 보이는 친구들의 얼굴은 정말 낯설다.

마스크 없이 보이는 얼굴을 화면 왼쪽 아래에 있는 이름과 확인해 보지만 친구들은 내가 화면을 끄고 수업 참여를 하다 보니 내 얼굴을 더 모를 거라는 생각도 한다.

화면에 보이는 친구들 얼굴에 친구가 있는 방이 눈에 들어오면서 어느 순간부터는 선생님이 출석을 부르시면서 확인하실 때 잠깐을 빼고는 화면을 끄고 있게 된다.

내방도 딱히 없고 깨끗하게 보이는 벽도 없고, 지저분한 짐들이 보이지 않는 그 작은 공간도 없는 나를 보이고 싶지 않아서였다. 엄마가 2학년 되고 어렵게 준비해 준 중고 노트북인데 가상 배경을 설정하니 내 얼굴에 코도 자꾸 사라져서 가장 깨끗하게 보이는 벽을 찾다 보니 방문이었다. 처음에는 각도가 맞지 않아서 문고리가 보인다는 걸 알고 최대한 낮춰진 상황으로 수업에 들어가지만, 그것도 어느 순간 싫어서 출첵 할 때 잠시 그렇게 앉아 있다가 화면을 끄고 편하게 앉는다.

월, 수, 금 6교시, 화, 목 7교시에 종례 조회 포함하면서 화면에 나를 맞추려니 허리도 아프고 편한 곳 하나 없고, 동생은 불쑥불쑥 들어오고, 질문에 대답하려 오디오를 켜자 동생 게임 소리가 더 크게 들리는 이 상황을 친구들에게 보이고 싶지 않다.

하루하루 수업에 나도 정신없고, 동생이 수업 하나 안 하나 체크하면서 중간중간 들어가라고 잔소리가 멈추지 않는 2주도 힘들지만 등교하면서 자는 동생 어찌하나 고민하고 학교 가는 이 마음도 편하지 않다.

교실 앞으로 다가가니 시끄럽게 들리는 친구들 소리가 문밖으로 새어 나온다.

2주 전에 앉았던 내 자리에 가서 가방을 내려놓았다.

"너, 오늘 영어 수행 평가 다 했어?"

옆 책상에 앉은 소영이가 묻는다.

"어… 어."

내가 얼떨결에 대답했다.

"그래? 내가 잘 못 들어서 뭐 해야 하는지 잘 모르는데 얘기해 줘 봐 봐."

"어, 그게…."

나는 소영이에게 최대한 아는 걸 얘기해 줬다.

소영이는 고맙다면서 완전 짱이라고.. 다시 한번 인사를 해준다.

어딘가에서 "오늘 수학 쪽지 시험 맞아?" 라는 말이 들린다.

소영이가 나를 보더니 맞냐는 물음인 듯 눈으로 묻는다.

"어, 오늘 수학 쪽지 시험 본다고 하셨어."

소영이가 눈으로 던진 질문에 대답했다.

"완전 고마워. 근데 어디 본다고 하셨어?

"일차 부등식."

"학원이랑 진도가 다르니 나 참, 예전에 배웠던 거 같은데… 학원 숙제하느라 나 참."

소영이 한숨 소리가 크게 전해져왔다.

선행하다 보니 지금 진도는 또 잊게 된다면서 소영이가 쉼 없이 랩을 하듯 얘기한다.

수학 책을 펼치고 끄적이는가 싶더니 나한테 풀이를 물어본다.

학원에 다니지 못하는 나는 수학 선생님이 얘기하신 걸 최

대한 기억하고 나름 쪽지 시험 준비한 내용을 모두 동원해서 풀이를 설명해 주었다.

"수학 완전히 잘하나 봐. 고마워. 이제 기억났어."

소영이가 밝게 웃으면서 인사를 전해주니 나도 모르게 으쓱한 기분이 들었다.

4교시가 끝나는 종이 울렸다.

급식실로 향하려고 아이들이 삼삼오오 출발하느라 시끌벅적한 소리가 교실 가득 채워졌다. 난 여느 때와 같이 조용히 거리를 두고 나가려 일어서는데 소영이가 나를 부르는 소리가 들렸다.

"빨리 와. 오늘 급식 불고기래. 빨리 가자."

내 팔을 잡아끄는 소영이의 손이 너무 반가웠다. 가림막을 사이에 두었지만, 소영이랑 다른 친구들과 쉼 없이 떠들면서 급식을 먹으니 너무 좋았다. 소영이는 나에게 오늘 너무 많은 도움을 받았다면 감사하다고, 친구들에게 일차 부등식을 엄청나게 잘 설명해 줘서 잊고 있던 기억이 되살아나 재시험은 면했다고 신이 나서 얘기했다. 신이난 소영이와는 다르게 2주 만의 등교인데 얼떨결에 본 시험에 재시험을 보게 되었다며 아쉽다며 점점 소리가 커졌다.

"수학 학원을 안 다니는데 어떻게 공부를 잘하는거야?"

질문까지 받았다.

초등학교 때부터 학원 대신 EBS로만 보충을 할 수 있었던 난 학원에 다니는 친구들이 부러웠는데 오늘 친구들은 학원에 다니지 않고 EBS로 공부했다는 나를 부럽다고 했다.

"교복이 작아져서 숨을 못 쉬겠다."

"수다방에서 넌 왜 얘기를 안 하냐."

"학교 와서 너무 신난다."

"집에서 동생이랑 너무 싸워서 엄마가 폰압하고 와이파이 끊는다고 했다."

2주 온라인 수업을 하는 동안 친구들에게 있던 끊이지 않는 얘기들로 점심시간이 순식간에 지나갔다. 정신없이 보낸 월요일, 중학교 와서 너무 기분 좋은 첫날이다.

내일 등교가 벌써부터 기다려지는 설레임을 안고 하교하는 길, 교문을 나오니 길 건너에서 학원 셔틀을 타고 있는 초등생들이 보였다.

번뜩, 학교에서 까맣게 잊고 있던 동생이 생각났다.

설마설마하는 마음과 동시에 별별 생각이 나기 시작했다.

'일어나 줌 수업 출첵은 했겠지?'

'밥은?'

'라면이라도 먹었겠지?'

'설마, 아직도 자는 건 아니겠지.'

설마설마 하지만 급해지는 마음에 발걸음을 재촉한다.

방과후 교실

마스크 속에서 웃는 아이들 외

황상희

서울에서 태어나 한국방송통신대 국문학과를 졸업했다. 아카펠라 문학 동아리에서 남편을 만나 결혼 후 한국작가회의 부천지부 '소새시'에서 활동을 했다.

첫 시집 『귀의 말』을 출간. 현재 <시와동화 아카데미>에서 아동문학을 접하면서 그동안 작품을 모아 2021년 시와 동화집 『나무야 나무야』를 출간했다.

원로 아동문학 작가이신 강정규 선생님의 지도를 받으며 함께 아동문학에 뜻을 같이하는 사람들과 공부를 하고 작품을 쓰고 그 느낌을 나누게 된 것이 너무 보람되고 뿌듯하다. 앞으로도 더 좋은 작품을 쓸 수 있도록 다양한 책 읽는 일과 쓰는 일을 게을리 해서는 안 되겠다.

방과후 교실 1

마스크 속에서 웃는 아이들

햇볕 좋은 가을 어느 날, 선생님은 아이들과 학교 운동장 산책을 나갔습니다. 그런데 수아와 은희가 떨어진 나뭇잎을 줍고 있었습니다. 선생님은 그 모습이 얼마나 예쁘던지 사진을 찍어 줍니다. 그랬더니 아이들은 부끄러워하며 나뭇잎을 저희들끼리 던지며 달아나다가 다시 옵니다. 그 때 그 아이들의 모습 또한 어찌나 예쁘던지 또 사진을 찍어 줍니다.

이제는 산책이나 운동장 활동이 아름다운 추억의 사진이 돼 버렸습니다. 코로나로 아이들과 편하게 산책도 운동장 활동도 마음 놓고 하지 못합니다. 아이들이 안됐습니다. 아이들이 맘껏 뛰어 놀아야 할 운동장이 풀만 무성해져버린 요즘 아이들이 자유롭게 놀지 못하는 것이 참으로 안타깝습니다. 그래서 그런지 교실에서 아이들이 전에 없이 더 뛰고 더 산만해졌습니다. 활동적인 기운을 어떻게 하면 발산시킬 수 있을지 아이들끼리도 이 궁리 저 궁리인가 봅니다.

저는 웬만하면 아이들이 소란스러워도 그런대로 참아주고 싶은데, 학교에서는 아이들이 안전하게 있다가 귀가하길 바라지요. 그러다 안전사고가 나면 큰일이니까 더욱 그렇겠지요.

아이들이 안됐습니다. 점심시간이나 방과 후에 운동장에서 공도 차고 달리기도 하고 미끄럼, 그네, 시소 등 놀이 기구도 타며 즐겁게 친구들과 놀아야 하는 데, 아이들 눈에는 그림의 떡입니다. 학교에 오면 제일 먼저 체온을 잽니다. 그리고 틈틈이 거리 유지하라 하고, 마스크 잘 쓰고 손 씻기를 철저히 하라고 합니다. 전에 안하던 잔소리를 하게 됩니다.

이렇듯 저학년들은 교실 수업을 하고 급식실 갔다가 오후 돌봄 교실 있다가 귀가 하는 게 학교 일상의 전부가 되버렸습니다.

그래도 아이들은 마스크를 쓰며 답답할 텐데도 활기차게 지냅니다. 자기들끼리 마스크 속에서 웃고 놉니다. 어떤 녀석들은 쉬는 시간 노는 시간 구분 없이 소리치고 복도로 화장실로 계단으로 왔다 갔다 하며 놉니다. 주의를 주어도 그때뿐 다시 소리치고 다투고 심지어 안 보는 사이 싸우기까지 합니다. 또 놀다가 목이 마르면 아무렇지 않게 마스크를 쓱, 내리고 뱃장 좋게 물을 마십니다. 매번 주위를 주어도 아랑곳하지 않는 아이들입니다.

"꿀꺽꿀꺽. 아, 시원하다."

참 어이가 없습니다. 선생님은 걱정이 되어 여러 번 말을 해도 소용이 없습니다.

"최충, 거리 유지하고, 물 먹을 땐 자기책상 가림 막 안에서 먹어요."

하루는 한 아이가 서서 마피아 놀이를 주도하며 놉니다.

아이들을 가림막이 쳐진 제 자리에 앉게 하고 놀이 규칙을 불러 줍니다.

"지금부터 엎드려 잡니다. 자, 아침이 되어 눈을 뜹니다."

그러자 아이들이 일제히 눈을 부릅뜹니다.

또 마피아 놀이를 주도하는 아이가 아이들에게 말합니다.

"눈을 떠 아침을 먹습니다. 냠냠 맛있다."

“냠냠, 맛있다.”

아이들이 일제히 따라합니다.

선생님은 그렇게 노는 모습을 보고 지긋이 웃으며 얘기합니다.

“참 재밌게 노네.”

선생님은 생각합니다.

‘아무리 코로나라도 아이들은 아이들이구나.’

코로나 환경에 맞는 놀이를 찾아 잘도 놉니다. 마스크 속에서 여유 있게 웃으며 잘 노니 참 다행입니다.

앞으로 코로나가 누구나 극복할 수 있는, 조금은 불편한 감기로 기억되었으면 좋겠습니다. 그래서 아이들도 어른들도 더 이상 코로나로 힘들지 않았으면 좋겠습니다.

방과후 교실 2

코로나 잘 피하세요

주중의 마지막 날인 금요일, 학원차가 오자 막 교실 밖을 나가면서 한 아이가 선생님께 이런 인사를 남기고 갑니다.

“선생님, 코로나 잘 피하세요.”

아이도 걱정 되는가 봅니다. 온 나라 안이 코로나 4단계 연장으로 걱정입니다.

선생님이 대답합니다.

“그래, 너도 코로나 조심해라.”

선생님도 아이도 모두가 걱정인 코로나, 언제 끝날까요? 하루빨리 끝났으면 좋겠습니다.

방과후 교실 3

코로나블루 학교

2020년 봄,

방과 후 굳게 닫힌 교문 너머 운동장에 풀만 자라고

등교 전 아이나 어른들은 건강상태 자가진단을 하고

돌봄 아이들이 학교에 오면

정상 체온인지 아닌지,

등교하는 교문부터 현관 계단 복도 교실로 이어지는 거리 유지와

손 소독과 마스크 코까지 쓰기를 입에 달고 온라인 수업을 하고

점심시간, 칸막이 쳐진 식당에서도 거리 유지 또 거리 유지다.

아이들이 집으로 돌아가면 청소를 하고 책상 소독을 한다.

학교에 못 오는 아이들은 학교가 그립고 친구가 그립다
친구들과 학교에 오고 싶고, 놀고 싶다.
집밖에서도 학교에서도 맘껏 놀고 싶다

2020년 여름,
요일별 학년별 등교를 한다.
이따금 기침과 고열로 조퇴와 결석을 하면
아이들의 책상, 사물함을 소독 한다,

돌봄 강사와 자원봉사자들이
거리 유지를 외쳐서 그런지
남은 아이들끼리도 거리 유지 놀이를 한다.

비가 오는 어느 날 복도 밖으로 울려 퍼지는
아이들의 동시 낭송 소리.
마스크에 가려 작지만
고요한 학교를 깨우는 아이들의 소리,
학교가 다시 *살아난다 살아난다.

---

*이상교 동시 「"살아난다, 살아난다"」

방과후 교실 4

선생님은 항상 니 편이야

영수는 자기 의사를 말로 전달해야 되는데 표현 방법을 잘 몰라 말보다 몸이 먼저 말을 하는 아이입니다.

처음엔 화가 나서 그러는 줄만 알았습니다. 하지만 무엇인가 말을 하려고 또 자기에게 관심을 가져 달라고 표현하는 것이었습니다.

돌봄 교실에 오면 아이들과 돌아다니고 장난치다 아이들을 먼저 때리고 싸우고, 그래서 선생님이 하지 말라고 주의를 주면 큰소리로 말합니다.

"돌봄 안해요, 하기 싫어요."

소리치며 책상과 걸상을 들었다 놨다 합니다.

또 친구들과 선생님에게 마스크 줄을 휘두르며 큰소리로 말을 합니다.

"저리 가, 저리 가란 말야. 나 일르는 애들, 마스크 줄 맛 좀 봐라."

"그만해, 선생님 영수가 또 아이들 때려요."

여러 아이들이 선생님께 말합니다.

"저리 가, 저리 가란 말야."

마스크 줄로 자꾸 큰 원을 그리며 아이들 앞에서 위협을 합니다.

선생님은 영수와 다른 아이들이 걱정이 되어 담임에게 상담을 요청합니다.

어느 날 담임이 영수를 교실로 데려가 상담을 하더니 곧 돌아왔습니다.

다음 날부터 아이 행동이 조금씩 달라지고, 돌봄 선생님도 다르게 대해봅니다.

"영수야, 오늘부터 반장 해 보는 거. 어때?"

영수는 선생님이 자리에 없을 때 앞에 나와서 큰소리치며 돌아다니거나 싸우는 아이들 이름을 칠판에 적습니다.

최인호

이경훈

"영수야, 수고했어. 자리로 가서 받아쓰기 하자."

이렇게 세 달만에 아이가 달라졌습니다. 자기를 인정해주고 칭찬해 주니까 조금씩 변하기 시작해서 다행입니다. 이렇게 3주가 지났을 때 어느 날 영수가 갑자기 반장을 그만둔다고 합니다.

"선생님, 반장 안 해요."

"그래 그동안 힘들었구나, 그럼 그렇게 할까?"

"……."

바로 그만두라는 선생님 말에 서운했던지 다시 화를 내며 원래의 모습을 보입니다.

"이씨! 으흠, 으흠."

잘 놀고 있는 아이들과 내게 커다란 교구 뚜껑을 던지려고 합니다.

"니가 반장 안한다고 해서 바로 그만두라고 했을 뿐인데, 뭐가 또 맘에 안 드는 모양이구나!"

선생님은 영수를 보내놓고 영수를 잘 아는 선생님께 왜 다시 원래 모습을 보이는지 물어봅니다.

"영수는 자존심이 강해서 원래 모습을 보였을 거에요, 가장 영수가 원하는 것은 인정받고 싶고, 항상 주변에 소통이 잘 안돼서 조금이라도 소통이 되면 편을 가르는 습관이 있더라구요. 아마 그래서 선생님이 내편이라는 믿음을 갖고 싶어서 그런 것 같아요."

"아, 그랬군요. 영수가 갑자기 반장 안하고 싶다는 것은 그동안 반장을 잘 해왔다고 인정받고 싶고, 내가 변함없이 자기편이라는 믿음을 갖고 싶었던 거군요. 네 알려줘서 고맙습니다."

바로 다음 날 선생님은 아이들에게 얘기 했습니다.

"영수가 반장을 하면 더 잘 할 수 있어서 다시 반장을 합니다."

영수가 의아해 하며 그래도 되나요? 하는 눈빛이었지만, 선생님은 그래도 괜찮다는 눈빛을 보이며 말했습니다.

"영수야, 여기 아이들 받아쓰기 노트 좀 나눠줄래?"

바로 그 때 아이들이 여기저기서 말합니다.

"선생님, 영수가 어제 안 한다고 했는데 다시 반장 해도 되나요? 내가 반장 할래요."

"어제는 영수가 그냥 해 본 말이랍니다. 영수가 정말 하기 싫다고 하면 그때 다른 사람이 합시다."

선생님은 영수에게 얘기합니다.

"영수야, 선생님은 항상 니 편이야."

영수는 선생님의 말에 바로 자기 책상에 가 앉더니 엎드려 웁니다.

그렇게 10분이 흘렀을까요, 영수는 아이들에게 노트를 나눠 주고 받아쓰기 연습을 합니다.

함께 가서 좋은 길 외

강정규

부천에 둥지를 튼 지 40여 년, 언제부턴가 길벗이 생기고, ≪시와 동화≫ 창간한 지 25년, 어쩌다 보니 그들이 글벗들이 되었다. 정기적으로 만나 이야기 나누다, 코로나19로 비대면으로 만나는데, 지난해 연말 갑자기 숙제가 주어졌다. 다름 아닌 코로나19, 예술로 기록하기! 그동안 갈고 닦은 기량을 발휘한 그 결과물을 여기 묶는다. 한국문화예술위원회에서 원고료도 듬뿍! 아이야, 어화 둥둥, 신나는구나!

나도 한 꼭지 보태라기에, 올 여름이면 지령 100호를 맞는 ≪시와 동화≫에 그동안 선배 작가들이 남긴 귀한 말씀들을 한데 모아 우리 아카데미 가족들에게 선물로 드린다. 건필을 빌며!

함께 가서 좋은 길

'코로나19, 예술로 기록하기'에 참여한 작가에게

"선생님! 밤새 안녕하시지요?"

제가 요즘 잘 하는 인사입니다.

"이웃들도 별고 없으시지요?"

한 해가 저뭅니다. 여러 번, 여러 곳에서 말씀드렸지만, 새해는 우리 《시와 동화》가 100세가 되는 해입니다. 당연히 감회가 깊지요. 25년 전, 그러니까 1997년 9월 1일, 밤새워 적은 '창간사'를 펼쳐봅니다.

1. 동심원을 그리며

시인이나 작가, 그 가운데 특히 아동문학을 하는 사람들이 오다가다 들러 편하게 이야기도 나누고, 자신들이 쓴 좋은 작품을 모아 손수 책도 만들 수 있는 방을 하나 가진다면 그 이름을 어떻게 붙이면 좋겠느냐는 이야기를 나눈 적이 있습니다.

그때 얻은 것이 '동심원'입니다.

동심원은 '童心園'의 뜻도 있고, '同心圓'의 뜻도 있습니다. 童心園은 글자 그대로 '아이의 마음동산'이고, 同心圓은 '한 가지 마음의 동그라미'가 됩니다.

어린아이와 같은 마음을 지닌 사람들의 동산이 가능하다면 그것은 우리네 모두가 원하는 세상의 모습이고, 그와 같은 마음이 중심이 되는 동그라미를 그려나갈 수 있다면 그것은 우리네 모두가 동참해야 할 운동이기도 합니다.

지금은, 어린이는 물론이고 어른들이 오히려 좋은 시와 동화를 많이 읽어야 할 때라고 사람들은 말합니다. 그래서 우리는 우선 잡지를 하나 펴내기로 하고, 그 이름을 《시와 동화》로 지었습니다. (이하 생략)

그로부터 4반세기 세월이 흘렀습니다.

잡지 발행의 텃밭이 된 금일봉의 주인공, 그분은 지난해 하느님의 부르심을 받았습니다.

생전 약속대로 발설은 물론 저는 장례식에도 참석치 못했습니다. 2022년 가을, 통권 101호가 되는 《시와 동화》 한 권 들고 무덤에 다녀올 생각입니다.

그동안 참 많은 일이 있었습니다.

엿 장수로 시작한 20대 청년시절의 청소년 야학운동이나, 군사독재시절 카메라와 펜 하나 들고 최루탄 매연 속을 달리던 신문기

자 시절에 비해 적지 않은 험로였습니다. 어느 해는 까닭도 모른 채 블랙리스트에 올라 두려운 밤도 보냈지요. 그러나 외롭지 않았습니다. 내 편이 많았으니까요.

그런데 창간 10주년 때, 이현주 목사님이 한 마디 했습니다.

"《시와 동화》는 형 잡지가 아니야."

그 말을 들었을 때 처음 며칠은 서운했습니다. 그러나 그 후 지금까지 한 가지 변하지 않는 믿음은, '《시와 동화》는 내 잡지가 아니라 우리들의 잡지'라는 생각입니다. 눈 밝은 친구는 그때 이미 알아본 것이지요.

제가 무얼 한 게 있나요. 당초부터 빈손이었는걸요. 원고도 여러분이 써 주셨고, 인쇄비도 여러분이 감당해 오셨습니다. 최근에는 코로나19로 인사동인문학교실 대면수업이 금지되면서 사무실 임대료가 문제됐습니다. 그런데 이번에도 가까운 이웃 가운데 한 분이 그걸 대납키로 했어요.

이런 일은 지난 25년 동안 수도 없이 일어났어요. 앞서 밝힌 잡지 창간기금이 된 3,000만원 사건에서부터, 많은 걸 알려고 하지 말라는 편지와 함께 무명씨가 보내온 1,000만 원 사례, 매년 매월 잊지 않고 보내오는 구독료와 후원금이 그동안《시와 동화》 발간비가 되고 원고료가 되고 발송비가 되었거든요.

그러고 보면 저는 다만 누군가의 심부름꾼에 지나지 않았던 셈이죠. 그렇다보니 자연스레 마더 테레사의 '나는 하느님의 몽당연필'이라는 말을 생각하게 됐지요. 처음엔 제가 빚진 자라는 생각도 들었어요. 이 또한 오만이고 자랑일지 모르지만, 그래서 좋은 옷이나 비싼 음식을 피하기도 했어요.

중언부언은 그만 마치죠, 지난 20여년 여러 시인 작가들이《시와 동화》지면을 통해 우리들에게 보내온 메시지나 함께 음미해봐요.

우리들의 상수리 나무

강정규

1.아동문학 작가를 꿈꾸는 이들에게

- 지금은 이야기를 잃어버린 시대이고, 우리는 노래를 잃어버린 세대이다. 우리는 이야기를 잃은 대신 광고 카피와 넋두리를 얻었고, 노랫소리를 잃은 대신 광기와 소음을 얻었다. 이야기와 노래에는 의미가 있다. 그러나 우리는 의미를 잃어버리고 잡다한 일에 허둥대며 향방 없이 달려가고 있다.

이야기는 자기 자신을 확장시키며 기존의 사물을 재해석하게 만든다. 이야기는 상호 이해와 관계를 조성하며, 인간 회복의 첩경이 된다. 노래 또한 마찬가지다. 동화의 원형은 이야기이고, 시의 원형은 어울려 부르는 노래가 그 근간이 된다.

- 9호 강정규

- 시인과 독자가 작품을 이해·감상·수용하려면 동질의 체험과 동수준의 체험이 있어야 한다. 같은 수준의 체험과 질적으로 비슷한 체험을 직·간접으로 경험한 독자가 짚어 낼 수 있다.

아동문학과 일반문학(성인문학)으로 2분법 구분개념이 통하고 있는 오늘날에는, 청소년들이 읽고 즐길 만한 수준의 작품을 창작 공급해야 할 책임이 있다.

어린이를 위한 문학은, 인간을 위한 문학의 기초이다. 아동문학은 성인문학과 별개의 뿌리를 가진 것이 아니라, 일반(성인)문학이라는 한 그루 나무의 밑기둥이다. 손가락만한 묘목이 자라서 큰 나무가 되면 묘목은 사라진 것이 아니라 밑기둥 한가운데 나이테로 남는다.

설익은 살구는 독이지만 잘 익은 살구는 향기 좋은 과일이다. 설익은 살구를 따서 살구라고 내놓는 작태는 배척되어야 한다. 동시는 고운 낱말을 골라 짜맞추기를 하면 되는 줄 알고, 동화에선 구성·표현·기교·전개기법이 간과되어도 되는 줄 착각하고 있는 사람들이 바로 정서지진 현상 보유자들이다.

어린이를 위해 글을 쓰지만, 그러나 의식에선 어른다워야 할 일이다.

- 11호 유경환

- 문학인의 사명 중의 하나는 눈에 보이지 않는 중요한 것의 메

시지를 눈에 보고 싶어 하는 세상 사람들에게 전하는 것이라고 생각한다. 많은 사람들이 눈에 보이지 않는 중요한 것보다 손으로 만져지는 덜 중요한 것에 집착하여 세상을 살아간다. 그 가운데 있는 특히 우리 아동문학인의 사명은 자명하다.

- 12호 정채봉

- 글쓰기란 천천히 서둘지 말고 한 걸음 한 걸음 걸어가듯 해야 하지 않을까? 아득히 먼 길을 바라보며 평생의 작업으로.

우리들의 문학은 간절한 꿈에 의해 이루어진다고 생각한다.

- 13호 신지식

- 이 시대의 사랑받던 동화작가 정채봉 선생이 새해 벽두 눈 내리던 날 세상을 떠났습니다. 그의 죽음은, 어쩌면 오늘의 동화작가들에게 어떤 강한 메시지를 던져주기 위한 '정신적 분신자살'이 아닐까 하는 생각이 듭니다. 진실로 몸을 던지고 혼을 불살라 참 동화를 지키고, 동화 문학을 꽃피우도록 하라는 권면의 소리가 귀에 쟁쟁 들립니다.

- 15호 김병규

- 시는 나의 삶의 최상위 개념이었습니다. 시를 생활 아래나 동등 개념으로 놓기가 싫었습니다. 요즘도 후배들이나 시를 배우려

는 지망생에게 말할 기회가 오면, 시를 최소한 생활 동등 개념에라도 놓고 쓰라고 부탁합니다.

- 16호 박두순

- 모든 문학이 그러하듯 미학이 배제된 글은 글이 아니다. 우리들의 고통과 절망은 우수마발(牛溲馬勃)이 냄새나는 물건으로 그쳐서는 안 된다는 데에 있다. 그것들에게 생명을 불어넣어야하는 피를 말리는 일 말석에 내가 앉아 있다. 요즘 들어 아동문학의 전성기가 온 것 같다. 그러나 밝음과 어둠은 등짝이 맞붙은 괴물이다. 어느 날 앞다투어 책을 사던 독자들이 태작(駄作)에 신물을 내고 등을 돌리지 말라는 법도 없을 것이다.

- 18호 손연자

- 아동문학은 축약·개작을 거쳐 창작에 이르렀으며, 이 세 가지 방법이 현재에도 공존하고 있다. 그런데 우리는 지금 창작에만 매달려 있는 것이다.

우리는 한국 아동문학의 특성을 보여주기 위해서라도 고전과 전승 설화를 멀리 할 수 없다. 그것이 한국 아동문학의 바탕이 되지 않는 다면 남의 목소리만 내게 된다.

- 20호 신현득

- 여전히 치열한 작가 정신을 지니고 있는 작가들도 있지만, 시류와 부추김에 휩쓸려 문학의 본질적인 면을 잊어버린 작가들이 참 많다는 생각이 든다. 작품 한 편을 발표할 때마다 철저한 자기 검열을 하느라고 밤을 새우고, 가슴 두근거리는 심정으로 문학적 평가를 기다리던 일은 이미 옛일이 되고 말았다.

- 22호 신형건

- 동화작가에게 드리는 글

동화작가들은 우리나라의 국력에 알맞은 소재를 찾아내어 형상화해 주기 바랍니다.

주제 면에서는 아이들에게 진실을 찾아 낼 수 있는 힘을 길러 주기를 바랍니다.

동화작가들에게 문학의 영역을 분명히 파악하기를 권합니다.

동화작가들이 격변하는 세상의 변화에 동조하기를 바랍니다.

- 23호 최명표

- 조용히 써라, 말하지 말고 써라. 제발 잠잠히 앉아서 글을 써라. 즉 쓰면서 말하고 쓰면서 웃고, 쓰면서 괴로워하고, 쓰면서 달리고, 쓰면서 잠자라. 제발 필요하지 않은 말은 하지 마라. 쓰지 못하고, 쓰지 않는 자가 말이 많은 법이다.

이제 그만, 너와 조용히 마주 앉아 네 소리를 듣고, 네 영혼의 호

소에 귀 기울여라. 그리고 써라.

- 24호 노경실

- 기계로 글을 쓰면 나도 모르게 아주 길어져서요. 말이 많아지는 것이지요. 그래서 그런지 요즘 나오는 글에서는 소박하고 담백한 맛을 느끼기가 어렵습니다. 이현주 선생님의 '지극정성'이란 글은 글을 지극정성으로 쓰는 것도 참 중요하겠지만, 글 이전에 사람을 지극정성으로 대해야 한다는 말씀이라는 생각이 듭니다.

그동안 나는 비평 글을 쓴다고 너무 개념 언어에만 갇혀 있었습니다. 사람의 아픔을 머리로 안다고 하였지만 가슴으로 느끼지는 못한 것이지요.

사람을 지극정성으로 대하면 이 세상이 제대로 되지 않을 이유가 없겠더군요. 글쓰기도 저절로 되지 않을까 싶습니다.

- 25호 이재복

- 자신의 문학관이나 방법론을 펴고 옹호하는 일은 얼마든지 좋은 일입니다. 그러나 그것만이 전부인 양 다른 문학관이나 방법론을 무시하고 배척하는 일은 문제가 아닐 수 없습니다. 예술은 창의적인 작업으로서, 다양성을 전제로 할 때 무한한 생명력을 얻을 수 있습니다.

- 26호 문삼석

- 아동문학은 문학이다. 어른과 아이, 우리 모두 함께 읽는 문학이다. 성인 문학의 밑바탕이 되는 소중한 문학이다. 아동문학은 성인문학으로 가는 디딤돌이자 징검다리이기도 하다.

-27호 윤동재

- 책에 있어 글과 그림은 서로 보완관계를 이루어야 한다. 글로 나타내지 못하는 부분을 그림이 나타내어야 한다. 다시 말하면 화가는 행간을 읽을 수 있어야 한다는 것이다. 또 그림은 어린이에게 독서의 흥미를 유발하고 책을 읽는데 길라잡이 역할을 하여야 한다. 책에 있어 그림은 어린이를 문자의 세계로 끌어들이는 역할을 한다. 읽는데 아직 익숙하지 않은 어린이들에게 그림은 미지의 세계에 안내자가 되는 것이다.

- 28호 김원석

- 들린다고 믿는 사람에게만 들리는 소리. 이것이 나를 반성하게 만든다. 듣고자 귀를 기울이고, 보고자 눈을 새롭게 떠야만 하는데 나는 면밀하지 못하여 번번이 건성건성 건너다닌다. 사람의 이웃에는 사람만 있는 게 아니라는 걸 자꾸만 잊는다. 신비롭고도 가슴을 가득 채울 만한 상상력은 머리에서만 나오는 게 아닐 것이다. 주변을 얼마나 섬세하고 깊은 눈길로 바라봐야 나에게도 놀라운 소리가 들리고 놀라운 장면이 보일 것인가. 동화쓰기는 참으로

만만치 않은 일이라는 걸 새삼 또 깨닫는다.

- 31호 황선미

- 쓸데없는 군말로 작품 망가뜨리지 말고 깨끗하게 마무리 짓기! 그것이 어찌 글쓰기에만 적용되는 방편이겠습니까?

- 32호 이현주

- <어린이문학이 위기에 놓인 이유>

1. 어린이문학 작가들의 창작의욕 상실
2. 문제의식이 없는 작품의 범람
3. 방향성의 상실

<어린문학의 문제 해결 방안>

1. 어린이문학에 대한 확신과 신념을 가져야 한다.
2. 작가들은 세상과 시대를 보는 안목을 가져야 한다.
3. 작가들이 자기 세계를 세워야 한다.

→ 열심히 쓰는 것도 중요하지만 무엇을 쓰고 어떤 관점에서 쓸 것인가를 더욱 중요하게 생각해야 한다.

4. 시대에 반항하는 일이다.

→ 어린이문학도 당연히 현 사회의 불합리성과 비인간적인 면을 알려 주고, 어린이들이 대처할 수 있는 지혜를 주는 것이 사명이다. 어린이문학가들이 잘못된 세상과 싸우고, 불의에 항거하는

용기를 가질 때 어린이 문학은 새로운 활력을 찾을 것이다.

5. 어린이문학 단체들의 복원과 활성화

→ 어린이문학을 하는 작가들 사이의 토론과 사회에 대한 인식의 공유가 이루어져야 한다.

- 35호 윤기현

- 문학이 우리 삶에 큰 양식이 되는 건, 문학은 너무나 흔한 진실들, 일상에 파묻혀 그 의미를 잊고 지내는 진실을 낯설게 보여줌으로써 그 진실의 의미를 새롭게 각인시켜 준다는 것이다.

'어린이문학 동네의 분위기는 작가가 좌우한다.' 우리 어린이문학 동네가 좋은 작품, 좋은 평론으로 넘쳐흐를 그날을 기대합니다.

- 36호 유영진

- 시와 동화, 즉 문학을 하는 이들은 멍청하게 보일 정도로 자신을 통제해야 한다. 보편적인 악을 넘어선 자기 관리와 점검을 하루도 게을리 해서는 안 된다. 그것은 또한 자기 양심에 대한 감시이다.

문학은 철학을 친구로 삼으며, 신학을 어머니로, 자기 양심을 아버지로 삼지 않는 한 보편적인 악과 천박한 풍요와 평안을 꾀하는 세상의 노예로 전락할 수밖에 없다.

- 38호 노경실

- 사회 현안을 동화로 다룰 때는 단지 아이들에게 박정한 현실을 가르치는 것에만 그쳐서는 안 될 것이다. 무엇보다도 이야기 자체를 통해 아이들이 자신의 힘을 믿을 수 있도록 나 역시 이 사회의 일원이고 내 문제는 내가 해결해야 한다는 뿌듯한 책임감을 느낄 수 있도록 해주는 게 중요하다.

- 39호 박숙경

- 사람의 마음속에 '동화'라는 이름을, 글 속에 자연의 이치가, 자연의 순리가 스며들어 있지 않으면 그것의 참맛이 없을 거라는 생각을 자꾸자꾸 해본다.

'두 손 안에 아무 것도 들어있지 않게 해 주소서. 쓰다듬고, 고치고, 매만지고, 그래도 정성껏 드리고 감사히 받는 손이 되게 하소서. 두 팔을 흔들고 두 다리로 걷는 자유로, 참다운 사람의 길을 걷게 해 주소서. 참다운 동화의 길을 걷게 해 주소서.'

- 49호 배익천

- 잊혀지는 일은 성장하는 독자를 둔 동화작가의 숙명 같은 것이다. 어린이는 자신이 읽은 이야기를 흡수하며 자란다. 이야기가 곧 어린이 자신이 되는 것이다.

기타무라 사토시 선생에게 요즘 어린이책 동네를 보는 소회를 물었다. 사토시 선생의 한 마디는 이런 것이었다.

"책은 점점 없어지고 가벼운 장난감만 늘어나고 있어요."

여기서 말하는 장난감이란 긍정적 의미의 놀잇감을 말하는 것이 아니었을 것이다. 책같지 않은 책에 대한 우회적인 표현이라고 받아들였다. 우리를 기억하지도 못할 만큼 온전히 우리 전체를 믿고 성장하는 어린 독자들에게 어떤 마음가짐으로 동화를 들려줄 것인가.

- 52호, 김지은

- 우리들에게 아동문학에 대한 어떤 편견 같은 것이 있지 않나 그런 생각을 해 봅니다. 글 쓰는 사람들 쪽에서도 있지만 잡지의 편집자, 출판업에 종사하는 이들에게까지 그 어떤 고정관념 같은 것이 있지 않나 싶은 생각이 그것입니다. 아동문학에 대한 책을 낼 때도 아예 이렇다, 이래야 한다, 하는 식으로 미리 틀을 정해놓고 시작하는 게 아닌가, 싶어요. 그러면서 작가들은 또 그 틀에 맞추어 글을 쓰려고 아등바등 하구요. 그러니 만날 고만고만한 도토리 키 재기 식, 다람쥐 쳇바퀴 도는 식의 작품만 나오는 게 아닌가, 싶어요.

우리 문단은 성인문학이든 아동문학이든 좀 활달해져야 한다고 생각합니다. 더 나아가 엉뚱해질 필요가 있다고 생각합니다. 기존의 그 어떤 틀이나 고정관념을 확 벗어던지고 전혀 색다른 눈을 가질 필요가 있습니다. 자기의 틀을 벗어 던져야 합니다. 자기가 이미 이룬 공적을 부정하고 새로운 고지를 향해 길을 떠나야 한다고 봅니다.

- 53호, 나태주

- 어린이문학이 궁극적으로 계몽의 담론, 희망의 담론으로 귀환하거나 시작되어야 하지만, 그 귀환과 시작 모두가 풍부하고 정교한 상상력을 통해 한층 문학의 옷을 입고 귀환하거나 시작되어야 한다. 이것이 적어도 내가 생각하는 좋은 어린이문학의 귀감이다. 그러자면 현실을 보는 정확한 시야, 어린 시절의 경험이 갖는 구체성과 보편성, 현재의 문학적 성취에 대한 정확한 이해 등 여러 층위의 것들이 연결되어야 한다. 상상력의 도움으로. …그러니 어찌 이 땅의 시와 동화가 우리 어린이들의 삶에 대한 변혁과 질곡에 대한 해방을 꿈꾸지 않을 수 있으랴.

- 55호, 김상욱

- 무릇 글을 쓰는 시인과 작가는 그가 창작하는 작품도 높은 문학성을 유지해야 하지만, 글을 쓰는 작가로서의 자세 역시 높은 격조를 반드시 유지해야 할 것이다. 즉, 글과 사람이 일치해야 된다는 뜻이다. 글은 좋은데 사람은 그렇지 않은 경우는 가장 경계해야 하는 경우이다. 차라리 글은 시원찮아도 사람이 좋은 경우가 오히려 나을 것이다. 글도 좋고 사람도 좋은 경우가 가장 바람직

한 도덕률이다. 그리고 작가는 작품 쓰는 일 이외에는 딴 생각을 품지 않아야 하고, 오로지 작품만으로 자신을 얘기해야 하는 것이다.

글을 쓰는 작가 역시 번잡한 세속과 인간 관계에서 초연해져야만이 좋은 작품을 빚어낼 수 있는 것이다. 그러므로 작가는 가끔 한 번씩 스스로를 외로움 한가운데 놓고 절대 고독을 느껴 봐야 할 것이다. 그런 절대 고독 속에서만 자신을 객관화시켜 놓고 진정한 성찰을 할 수 있는 것이다.

누군가는 많은 작품을 써 봐야 그 중에서 좋은 작품 하나를 얻을 수 있다고도 하지만, 실은 많이 쓰는 것보다는 하나를 써도 제대로 된 작품을 쓰는 것이 창작의 옳은 태도이다.

- 58호, 김문홍

- 사실, 요즘 위태로워 보이는 건 청소년보다 청소년 문학의 작품성이다. 요즘 청소년들의 모습을 그렸다지만 거개가 피상적인 청소년 상을 보여주고 있으며 작품의 언어 또한 거칠어 두고두고 음미할 만한 것이 별로 없기 때문이다.

시는 생각만으로 되지 않고 말로 표현되어야 한다. 어떤 현상을 보고 떠오르는 수많은 생각 가운데 대상과 상황에 들어맞는 언어를 고르는 기초 과정을 거치고, 이어 몸 밖으로 내민 언어를 다듬고 또 다듬어야 마침내 시가 되는 것이다.

다듬다 보면 시인의 생각이 언어에 실린다. 시인은 생각만으로 세계를 구성하는 게 아니라 언어로 세계를 구성하기 때문이다, 청소년 문학을 하는 작가들이 새겨들어야 할 말이다. 그런 차원에서 볼작시면 청소년 문학가들은 요즘 청소년들의 삶을 안다고 자만해서도 안 되고 자신만의 언어를 갖추는 일이 더 급선무다.

- 60호, 박상률

- 글을 쓰는 작가와 시인은 평생 책을 읽어야 하는 숙명을 타고난 사람입니다. 천재적인 재능을 타고 나지 않은 한 작가는 끝없이 독서해야 하는 사람입니다. 작가에게 책은 공기와 같은 것으로 책을 끼고 살며 작가 체질을 유지하는 것입니다.

동화만 읽어서는 절대 좋은 동화작가가 될 수 없고 동시만 읽어서도 좋은 동시를 계속해서 쓸 수 없습니다.

작가는 늘 깨어 고민하고 스스로 고독해지는 길에 들어선 사람들입니다. 그것을 즐길때 작품은 쓰여질 것입니다. 부디 자중자애하면서 고공의 준산준령을 잘 넘어가시기 바랍니다.

- 75호, 송재찬

- 아동문학인이 해야 할 일은 독자들에게 문학의 향기를 전할 수 있는 좋은 작품을 창작해 내는 일일 것이다. 누가 내 작품을 아

이들에게 읽어 줬을 때 아이들이 감동스러워 한다면 그게 문학의 향기가 아니겠는가?

문학의 향기가 곧 세상을 향기롭게 물들이는 튼튼한 원동력이 될 수 있어야 한다.

- 76호, 노원호

- 그 나라 말을 오래 보존하는 길은 오직 한 가지 그 나라 문학을 높은 수준에 올리는 것이다.

또 하나 우리나라 말을 후세에 이어가게 하는 방법은 좋은 아동문학 작품을 남기는 일이다.

- 77호, 서석규

지금까지 여러 선배들이 들려준 말씀을 옮겨보았습니다.

다음은 《시와 동화》 창간 20주년을 맞아 선배 한 분이 보내온 축사입니다.

2. 우리들의 상수리나무

베아트릭스 포터(1866-1943; 영국의 유명한 여류 동화작가)의 동화를 읽고 다람쥐는 머리가 나쁘다는 것을 알고 조금 실망했다. 행동이 민첩하여 이리저리 잘 달리고 조르르 높은 나뭇가지 꼭대기까지 쉽게 올라 열매도 따먹고 가져가기 위해 가지를 흔들어 떨어뜨리는 행동을 볼 때마다 영리하고 똑똑한 동물이라 생각하고 있었기 때문이다.

포터 작품으로 보통 토끼 주인공의 피터 래빗 이야기를 대표작으로 들지만, 20여 권의 동물 시리즈 속에 나오는 여러 동물들 이야기는 각각 특색이 있어 다 재미있다. 동물들의 습성을 세밀히 파악해서 아주 적절한 사건으로 구성한 그의 동화를 읽고 있으면 어느덧 동심에 빠져 행복해진다. 그 중에서도 내가 좋아하는 동화가 다람쥐 티미팁토스 이야기이다.

여름의 끝자락이 되면 시골길이나 야산에 다람쥐들이 유난히 많이 나타나는 이유도 그 이야기를 읽고 알았다. 그 무렵이 되면 다람쥐들은 이리 뛰고 저리 뛰고 몹시 바빠진다. 그것은 다가오는 겨울에 먹을 양식을 마련해야하기 때문이라 한다. 그리고 그 양식을 저장하기 위해 여기저기 땅을 파는데 다른 다람쥐들에게 들켜 빼앗길까봐 깊이 파묻어야 한다.

그런데 재미있는 것은 그렇게 열심히 파서 감추어 둔 장소를 찾지 못해 여기저기 또 파헤치다가 다른 다람쥐가 묻어놓은 양식무더기를 발견하는 행운도 만난다. 그러나 대박의 기쁨은 잠시, 그걸 묻은 다람쥐가 나타나 심한 쟁탈전이 벌어진다. 사실은 그 다람쥐도 자기가 묻었는지 아닌지도 모르면서 눈앞에 나타난 먹이만 보고 찍찍거리며 사납게 싸운다.

베아트릭스 포터는 일찍이 외딴 시골 야산을 구해 집을 짓고 그곳에서 동물들과 함께 살면서 동화를 썼을 뿐 아니라 손수 삽화를 그려 많은 동물 작품을 출판했다. 읽을 때마다 그 다람쥐들의 실패담이 재미있어 웃다보면 번번이 동물의 이야기라는 것을 잊게 된다. 꼭 우리 인간들의 실패담 같기 때문이다.

여러 해 전 이야기다. 여행길에 들러 한 여름을 지낸 그 집은 6백여 평 넓은 마당 한가운데 있었다. 그리고 마당 가득히 무성한 가지가지 나무들…… 그러나 80년은 넘었을 거라는 그 집은 많이 후락해 있었다. 집주인들도 이젠 집과 함께 늙어 손길이 닿지 않아 마당은 잡초만이 무성한 자연 그대로의 허허벌판이었다.

사시사철 철따라 꽃이 피고 자두 살구 포도가 열려 맛있게 따먹었던 옛이야기를 하며 마당의 황폐함을 변명하는 주인의 말을 들으면서 나는 다른 생각을 하고 있었다. 책임 없는 나그네여서 일까. 그 황폐함이 오히려 자연스러워 마음 편했기 때문이다. 그들 역시 나와 같았을 것이다. 그래서 새벽마다 노루 식구도 살그머니 나타나 새순을 따먹다 가고, 파랑새는 온종일 포도송이 언저리에서 지저귀고, 겁 없이 드나드는 다람쥐의 행렬. 염치없는 그들은 사람이 있어도 제 집 마당이다. 찍찍거리고 그 작은 눈을 굴리며 먹이를 찾아다닌다. 호두 도토리를 발견하면 입에 물고 앞발로 보듬어 안고 또 뭔가를 찾아 헤맨다. 묻어 둘 흙을 찾는 것이다. 찾다 찾다가 꽃이 진 화분 속에까지 묻는 바보 다람쥐! 그들 때문에 마당 한 구석 화분들은 죄다 엎어지고 흙이 쏟아져 엉망이다.

"그런 데다 묻으면 어떡하니! 바보, 바보야!"

내 소리에 놀라 소중한 도토리도 잊고 달아나버리는 한심한 다람쥐. 쏟아진 화분흙을 쓸어 모아 담고 놓고 간 도토리를 그 속에 잘 묻어주면서 주인할머니가 웃으며 말한다.

"그래도 여기서도 어떤 건 싹이 나와요. 옛날에 내가 심어준 게 바로 저 나무야. 그러니까 엄마 다람쥐가 심은 나무지……."

옆집과 이 집 사이에 서 있는 우람한 상수리나무를 가리킨다. 살찐 열매가 가장 많이 열려있는, 이 마당에서 가장 젊고 야들야들 윤이 흐르는 잎이 무성한 상수리나무였다.

믿을 수 없어 나는 나무를 쳐다보며 바보처럼 멍하니 서 있었다. 꽃밭을 손질하다 빈 화분에서 발견한 노란 새싹 뿌리엔 도토리 반쪽이 아직도 매달려 있었다. 그 떡잎을 재미삼아 심은 지 그럭저럭 30년은 되었을 거라는 이야기였다. 모든 나무들이 늙어 힘을 잃어가고 있는 이 마당에서 지금 그 나무는 씩씩한 보물나무가 되어 있었다.

언제 가도 양식을 얻을 수 있는 나무. 그래서 너희들은 지금 신나게 오르내리고 있지만 상상해본 적이 있니? 이 나무가 예날 옛적 한 엄마 다람쥐가 가족들의 겨울 양식으로 화분에 감춰 두었던 한 알의 열매였다는 것을……. 아마도 그 엄마는 자기가 화분 속에 묻은 도토리를 찾지 못했을 거다. 머리가 나쁘다는 다람쥐니까. 그래서 그 겨울 가족들은 굶주렸을까 바보 엄마 때문에?

다람쥐 대신 생각의 꼬리를 이어가며 동화를 그려가던 나의 머릿속 상상의 줄이 갑자기 뚝 끊어졌다. 그리고 번쩍 바뀐 새 영상은 바보가 아닌 속 깊은 엄마 다람쥐의 모습이었다. 이상한 감동이었다.

아니지! 그래, 그 엄마는 바보가 아니었어. 너희들에게 이렇게 많은 열매가 열리는 나무를 남겨주었는데 왜 바보야? 약간의 건망증은 있었겠지만 바보는 아니지. 미안하다 다람쥐야! 이젠 바보라고 하지 않을게.

감동은 흐뭇한 즐거움이 되어 다시 나무를 우러러 보니 그들의 행렬도 아까보다 뜸해져 있었다. 아마 저녁때가 되어서인 모양이다.

《시와 동화》가 9월이면 스무 돌 생일이라 한다. 나도 다람쥐 못지않은 건망증이 있어서인지 세월도 잊고 살아왔던 것 같다. 새삼 놀라 더듬어 보니 3주년 축하 여름 호에 꿈 이야기를 썼던 기억이 난다. 그러니까 2000년 9월 그날부터 어느 사이에 17년이 흘러간 것이다. 잡지를 만들어 내기에는 여러 가지로 열악한 환경에서 출발한 《시와 동화》가 매호 나올 때마다 아슬아슬한 고비를 넘어야 했음을 우린 잘 알고 있다.

그러나 발행자의 꿈은 끈질겼다. 아무 뒷받침 없는 세월에 최초의 꿈만 싣고 오로지 좋은 잡지를 만들어야 한다는 사명감 하나로 20년 동안 끊어짐 없이 발행해주었다.

어린이들에게 영원한 꿈을 심어주는 아름다운 글을 담을 수 있는 잡지. 뿌리 깊은 역사와 품격을 갖춘 아동지가 있었으면 하는 소원은 우리 아동문학가 모두의 꿈이었다. 그것을 알기에 발행자의 꿈은 더 무거워져서 큰 짐이 되었을 것이다.

나의 생애는 대단히 사건이 많은 행복한 일생이었다. 그것은 마치 한 편의 사랑스러운 옛이야기이다…… (중략)_안데르센

우리 모두가 좋아하는 안데르센 자서전의 첫 구절이다. 어린 시절 나의 가슴에 꿈나무를 심어준 안데르센은 가난한 구두 수선공의 아들로 태어난 어린 시절부터 파란만장한 고난 연속의 삶을 살다간 작가이다.

기쁠 때나 슬플 때나 나는 안데르센의 동화를 읽고 또 읽으며 어른이 되었고, 이 나이가 되었는데도 쓸쓸한 때면 그의 작품에서 위로받고 힘을 얻는 것은 아마도 나만이 아닐 것이다. 대단히 많았다는 힘든 사건들을 다 아름다운 동화로 승화시켜 수많은 작품을 남긴 안데르센. 그래서 그의 자서전 첫머리에 쓴 '행복'이야기는 우리들에게 희망과 큰 긍지를 갖게 해준다.

그 마당의 상수리나무를 회상해본다. 지금은 더 자라서 열매도 더 많이 열렸겠지. 꼬리 긴 다람쥐들은 여전히 줄지어 오르내리고 있겠지만 내가 본 그때의 다람쥐들은 아닐 거야. 벌써 여러 해가 지났으니까. 그래도 여기저기 찾아다니며 땅을 파고 있겠지 싸우면서. 넉넉한 양식이 잔뜩 달린 상수리나무가 바로 곁에 있는데도.

《시와 동화》는 우리들의 상수리나무다. 20년 어른이 된《시와 동화》 상수리나무에도 열매가 푸짐하게 열렸다. 그동안 다람쥐처럼 나무 둘레에 모여든 꿈 많은 사람들이 쓰고 또 쓰고 읽고 또 읽으며 가꾸었기 때문이다.

이제 우리도 뿌리 깊은 나무《시와 동화》를 가지게 되었으니 참으로 기쁘고 자랑스럽다.

축하합니다, 축하합니다!

2017년 7월 24일

다시 먼 날을 꿈꾸며. 신지식

3. 마무리 인사

코로나19에 나름대로 대응하며 비대면 수업에 참여하시는 〈시와 동화 아카데미〉 회원 여러분에게 감사의 인사를 드립니다.

특히 문화예술위원회가 기획한 '코로나19, 예술로 기록하기' 사업에 선정되면서, 평소 쌓아온 기량을 맘껏 발휘할 수 있는 기회를 가진 것은 의미 있고 반가운 일입니다. 촉박한 기간임에도 불구하고 좋은 결실을 얻게 된 것은 참으로 자랑스러운 일이 아닐 수 없습니다. 건필을 빌며, 이를 계기로 더욱 분발하여 새해에는 더더욱 밝고 맑은 한 해가 되기를!